BIBLIA
DE ESTUDIO
DEL PROPÓSITO
JOSUÉ

DR. JOHN W. STANKO

UrbanPress
PUBLISHING YOUR DREAMS

INTRODUCCIÓN

Ha estado en mi corazón durante bastante tiempo producir una *Biblia de Estudio del Propósito*, similar a otras en el mercado como *La Biblia Llena del Espíritu, La Biblia del Liderazgo, La Biblia Africana* y *La Biblia del Estudiante*. Cada una de ellos incorpora ideas sobre un tema en particular para un público objetivo, por lo que hay un comentario en la Biblia al que los usuarios pueden referirse fácilmente mientras leen la Palabra.

Decidí que mi *Biblia de Estudio del Propósito* se centraría en lo que he etiquetado como los cinco Principios de la Mina de Oro, que son el propósito, la creatividad, el establecimiento de metas, la gestión del tiempo y la fe. He enseñado y escrito sobre esos conceptos desde 1991 y quería producir un estudio devocional que equipara a los lectores para el propósito y la productividad, al mismo tiempo que les diera un formato devocional para su lectura de la Biblia.

En 2019, completé y publiqué lo que llamo un comentario devocional que cubre cada versículo del Nuevo Testamento.

Llamé a esa serie *Vive la Palabra* porque mi objetivo era ayudar a los lectores no solo a familiarizarse más con la Palabra, sino también a aplicarla y vivirla. Con ese fin, no produje un estudio técnico, sino una obra fácil de leer que incluía preguntas que los lectores podían hacerse para ayudarlos en el proceso de solicitud. Para que los lectores no se perdieran esas preguntas, las puse en negrita con la esperanza de que "saltaran" a los lectores. Cada uno de esos estudios se publicó y se publica en línea, por lo que están disponibles de forma gratuita para personas de todo el mundo, ya que algunos no tienen los medios para comprar copias impresas.

Una vez que completé mi estudio del Nuevo Testamento, era hora de sumergirme en el Antiguo Testamento usando el mismo formato y comenzar la Biblia de Estudio del *Propósito*. No estoy produciendo un estudio versículo por versículo como lo hice con mi comentario del Nuevo Testamento. En cambio, voy capítulo por capítulo y me enfoco solo en pasajes que abordan algún aspecto de los Principios de la Mina de Oro. Hay algunos capítulos del Antiguo Testamento que tienen algunas entradas, mientras que me salté otros capítulos por completo. Nuevamente estoy publicando estos estudios en línea para que estén disponibles para todos y cada uno, tal como lo hice con el estudio del Nuevo Testamento en www.stankobiblestudy.com.

Además, como lo hice con *Vive la Palabra*, estoy publicando la Biblia de Estudio del *Propósito* en volúmenes, comenzando con Génesis que se publicó en febrero de 2021. No tengo idea de cuántos volúmenes requerirá esta *Biblia de Estudio*, y espero que Dios me conceda suficientes días para completar este trabajo. Eso depende de Él, pero yo haré mi parte y me daré a escribir en la medida que Él me da fuerzas.

Josué

Comenzamos nuestro estudio de Josué con la entrada número 212. Moisés había muerto y Josué asumió su papel como líder del pueblo. Al igual que Moisés, Josué pasó algún tiempo preparando al pueblo, pero luego llegó el momento de entrar. Su primer encuentro con los habitantes locales fue en la batalla de Jericó, donde Dios les dio una estrategia única que derribó las murallas sin que se disparara una flecha.

Entonces Josué comenzó a asignar a cada tribu su parcela de tierra, mientras Josué continuaba instruyendo al pueblo sobre la voluntad de Dios para ellos si iban a vivir y mantener la Tierra. Después de que todos los demás recibieron su porción, Josué recibió la suya, pero él y Caleb, que habían sido los dos espías fieles que trajeron un buen informe a Moisés, tuvieron que luchar por lo que era suyo y luego trabajar para establecer una presencia en su herencia. El libro termina con la muerte de Josué, el entierro de los restos de José que el pueblo había traído de Egipto, y la muerte y sepultura del sacerdote Eleazar.

Al igual que con todos los volúmenes anteriores, he incluido preguntas en negrita para que las consideres mientras reflexionas sobre lo que escribí sobre cualquiera de los Principios de la Mina de Oro. Es interesante que los cinco Principios de la Mina de Oro tuvieron su génesis en el Antiguo Testamento de la Biblia, lo que hace que su estudio sea una base importante para comprenderlos y aplicarlos. Considero que esta *Biblia de Estudio del Propósito* es una especie de devocional, así que espero que la aborden como tal para que puedan estar equipados para un estilo de vida creativo y con propósito.

Oro para que disfruten leyendo estos estudios tanto como yo disfruto escribiéndolos, y también oro para que los equipen y empoderen para un trabajo útil y fructífero a medida que expresan su creatividad en los días y años venideros. Gracias por leer, y que el Señor bendiga el estudio y la lectura de Su Palabra en el *Tomo Cinco–Josué* del *Proyecto Biblia de Estudio del Propósito*.

John W. Stanko
Pittsburgh, PA – EE. UU.
Febrero 2025

Traducción al Español
Yair Herrera F.
Barranquilla, Colombia
Febrero 2025

ESTUDIO 212

JOSUÉ
Josué 1:1–5

Ahora comenzamos el estudio del siguiente libro de la serie de la Biblia de Estudio de Propósito con el nombre de Josué, que presenta la obra y el ministerio del sucesor de Moisés para llevar al pueblo a su Tierra Prometida. Al principio del libro, leemos:

> Aconteció después de la muerte de Moisés siervo de Jehová, que Jehová habló a Josué hijo de Nun, servidor de Moisés, diciendo: Mi siervo Moisés ha muerto; ahora, pues, levántate y pasa este Jordán, tú y todo este pueblo, a la tierra que yo les doy a los hijos de Israel. Yo os he entregado, como lo había dicho a Moisés, todo lugar que pisare la planta de vuestro pie. Desde el desierto y el Líbano hasta el gran río Éufrates, toda la tierra de los heteos hasta el gran mar donde se pone el sol, será vuestro territorio. Nadie te podrá hacer frente en todos los días de tu vida; como estuve con Moisés, estaré contigo; no te dejaré, ni te desampararé" (Josué 1:1-5).

No sabemos la edad de Josué cuando se enteró de que iba a seguir a Moisés como líder del pueblo, pero su propósito estaba claro desde el momento en que se le menciona por primera vez en Éxodo. Dios quiere que tengas ese tipo de claridad de propósito porque Él quiere que cumplas tu propósito más de lo que lo tú lo quieres y está preparado para darte todo lo que necesites para conseguir el trabajo dones espirituales, asistencia financiera, Su presencia, puertas abiertas y seguidores dispuestos.

En estos versículos iniciales, Josué recibió una promesa asombrosa de que "nadie podrá estar contra él todos los días de su vida". Esto se debe a que Dios se asoció con él mientras llevaba a cabo su asignación divina, lo cual hace por ti cuando estás activo en tu propósito. **¿Tienes claro cuál es tu propósito? ¿Sientes la presencia de Dios contigo mientras te desempeñas en ella? ¿Qué puede estar impidiendo Su ayuda en tu pensamiento o en tus acciones? ¿Cómo puedes ser más audaz en tu propósito?**

Dios es un Dios con propósito y Él te ha dado algo que hacer que solo tú puedes hacer, tal como lo hizo con Josué. A medida que avanzamos en el próximo libro del Antiguo Testamento, decídete a ser un Josué para tu generación y aprende del hombre cuyo propósito fue claro desde sus primeros días.

ESTUDIO 213

TENGA CUIDADO
Josué 1:5-9

Cuando Josué estaba a punto de entrar en la Tierra, el Señor le advirtió acerca de un oponente al que se enfrentaría, un oponente del que hemos hablado a lo largo de este estudio bíblico:

> Durante todos los días de tu vida, nadie será capaz de enfrentarse a ti. Así como estuve con Moisés, también estaré contigo; no te dejaré ni te abandonaré. **Sé fuerte y valiente** porque tú harás que este pueblo herede la tierra que prometí a sus antepasados. "Solo te pido que **seas fuerte y muy valiente** para obedecer toda la ley que mi siervo Moisés te ordenó. **No te apartes** de ella ni a derecha ni a izquierda; solo así tendrás éxito dondequiera que vayas. Recita siempre el libro de la Ley y medita en él de día y de noche; cumple con cuidado todo lo que en él está escrito. Así prosperarás y tendrás éxito. Ya te lo he ordenado: **¡Sé fuerte y valiente! ¡No tengas miedo ni te**

desanimes! Porque el Señor tu Dios te acompañará dondequiera que vayas" (Josué 1:5-9, NVI con énfasis añadido).

¿Qué era este némesis al que Josué estaba a punto de enfrentarse? No era otro que el miedo. Y nota que el Señor no sugirió ni recomendó que Josué no cediera a este temor inevitable; Le ordenó que no lo hiciera. Eso significaba que era una elección para Josué permanecer firme y audaz. Sin embargo, hay otro mandamiento contenido en estos versículos y es "tener cuidado". **¿De qué debía tener cuidado Josué?** Debía tener cuidado de seguir el "Libro de la Ley" que Moisés había compilado. Josué no debía tener una relación casual con el Libro; Tenía que mediar en ello día y noche.

Y ahora estás en un viaje a tu propia Tierra Prometida, parte de la cual es tu propósito como lo fue para Josué. **¿Tienes miedo?** No respondas demasiado rápido, porque a veces el miedo está tan bien disfrazado que parece ser racional y perfectamente natural. **¿Cuánto te está costando el miedo?** No lo sabrás realmente hasta que descubras a qué le tienes miedo. **¿Qué puedes hacer para combatir o vencer tu miedo?** Al igual que para Josué, parece que la clave no es tolerar el miedo, sin importar lo que estés enfrentando, sino tomar la decisión de tener cuidado de hacer todo lo que Dios tiene para ti. Solo entonces Dios estará contigo y trabajará a tu favor para traerte éxito.

ESTUDIO 214

AYUDAR A LOS DEMÁS
Josué 1:14-15

Cuando el pueblo estaba a punto de entrar en su tierra bajo el liderazgo de Josué, el Señor les mandó que no se centraran solo en sí mismos y en su bienestar:

"Y los hijos de Israel tomaron para sí todo el botín y las bestias de aquellas ciudades; mas a todos los hombres hirieron a filo de espada hasta destruirlos, sin dejar alguno con vida. De la manera que Jehová lo había mandado a Moisés su siervo, así Moisés lo mandó a Josué; y así Josué lo hizo, sin quitar palabra de todo lo que Jehová había mandado a Moisés" (Josué 1:14-15).

Las tribus debían ayudarse y apoyarse mutuamente hasta que todos entraran en la herencia que Dios tenía para ellos. Lo mismo ocurre hoy en día. Desde mi experiencia, cuando alguien encuentra su propósito, a menudo quiere compartir su viaje con los demás. Si son creativos y disfrutan de lo que hacen, entonces se les abrirán las puertas para compartir, enseñar y animar a los demás.

Cuando era pastor, comencé un grupo mensual de estímulo a la creatividad y se reunió durante nueve años. Cuando abracé mi creatividad en lugar de huir de ella, no solo creé, sino que enseñé sobre la creatividad para ayudar a otros a expresar la suya. He hecho lo mismo con mi visión de propósito a través de libros, coaching y seminarios.

¿Qué puedes hacer para ayudar a los demás a tener más propósito y ser más creativos? ¿Cómo pueden los demás escuchar tus historias de fe para que puedan inspirarse? ¿Estás administrando tu tiempo para tener oportunidades de ayudar a otros a encontrar un propósito creativo? Las tribus debían ayudar a todos a encontrar su lugar después de que cada uno hubiera encontrado el suyo. Ese fue un buen consejo entonces y sigue siendo un buen consejo ahora.

ESTUDIO 215

COLAPSO
Josué 2:9-10

Antes de que el pueblo entrara en la Tierra, Josué envió a dos espías para que fueran a ver las cosas. Mientras estaban en su misión, se encontraron con una mujer llamada Rajab que les dio esta información:

"Y dijo:—Yo sé que el Señor les ha dado esta tierra y por eso un gran terror ante ustedes ha caído sobre nosotros; todos los habitantes del país han perdido el ánimo a causa de ustedes. Tenemos noticias de cómo el Señor secó las aguas del mar Rojo para que ustedes pasaran, después de haber salido de Egipto. También hemos oído cómo destruyeron completamente a los reyes amorreos, Sijón y Og, al este del Jordán. 'El Señor ha entregado todo el país en nuestras manos. ¡Todos sus habitantes han perdido el ánimo a causa de nosotros!'" (Josué 2:9-10, 24).

La gente en la Tierra estaba teniendo un colapso de miedo porque sabían quiénes eran los hebreos y por qué venían.

¿Cómo lo supieron? No tenían Biblia ni profeta, pero tenían información precisa acerca de lo que Dios estaba haciendo. ¡Solo podrían haberlo sabido porque Dios se lo mostró! Dios les estaba hablando porque quería que fueran salvos, pero solo una mujer tuvo el sentido común de tener fe y pedirle a Dios que la perdonara a ella y a su familia. Lo que es más, Dios usó a Rajab para animar a los espías que trajeron este informe de su viaje: "Ciertamente el Señor ha entregado toda la tierra en nuestras manos; toda la gente se está derritiendo de miedo por su culpa"

¿Cuál es tu estado actual? ¿Estás en una crisis de miedo que te ha paralizado o en una explosión de fe que te impulsa en tu camino? ¿Ves que Dios puede usar incluso a aquellos que no le llaman Dios para animarte? ¿Estás abierto al estímulo o te has cerrado a él, en lugar de atrincherarte en tu status quo en un débil intento de proteger lo poco que tienes? Dios tiene una Tierra Prometida de propósito y creatividad para ti, pero tendrás que tener la mentalidad y la actitud correctas si alguna vez vas a entrar en su plenitud.

ESTUDIO 216

PARA
LA POSTERIDAD
Josué 2:12-14; 17-18

La Biblia tiene muchas historias inusuales y una de ellas es el encuentro entre Rahab y los dos espías. Rahab escondió a los espías y los protegió de sus propios compatriotas, y todo lo que pidió a cambio fue que el ejército perdonara a su familia cuando atacaran la ciudad:

"Os ruego pues, ahora, que me juréis por Jehová, que como he hecho misericordia con vosotros, así la haréis vosotros con la casa de mi padre, de lo cual me daréis una señal segura; y que salvaréis la vida a mi padre y a mi madre, a mis hermanos y hermanas, y a todo lo que es suyo; y que libraréis nuestras vidas de la muerte. Ellos le respondieron: Nuestra vida responderá por la vuestra, si no denunciareis este asunto nuestro; y cuando Jehová nos haya dado la tierra, nosotros haremos contigo misericordia y verdad" (Josué 2:12-14).

Los hombres le prometieron seguridad si seguía sus instrucciones:

Y ellos le dijeron: Nosotros quedaremos libres de este juramento con que nos has juramentado. He aquí, cuando nosotros entremos en la tierra, tú atarás este cordón de grana a la ventana por la cual nos descolgaste; y reunirás en tu casa a tu padre y a tu madre, a tus hermanos y a toda la familia de tu padre" (Josué 2:17-18).

¿Qué principios de la mina de oro vemos operando en esta historia? Hubo creatividad, porque los hombres idearon un plan creativo que identificaría la casa de Rahab que se iba a salvar. De hecho, todo su plan para salvarla era creativo. También había **fe**, porque Rahab tenía que confiar en los hombres, o en realidad confiaba en el Dios de los hombres, que cumplirían su promesa para que ella y su familia no perecieran.

Lo que haces hoy en la fe no es solo para ti y los más cercanos a ti. También es para tu posteridad, dejándoles un legado de fe que te llevó a ir, escribir, construir, hablar, compartir o aconsejar. **¿Qué estás haciendo con fe, cuyos resultados estás confiando en que Dios te ayudará a producir? ¿Dónde lo has puesto todo en juego, por así decirlo, para que, si Dios no se manifestara, te verías como un tonto? ¿Qué planes creativos has hecho que sean una mezcla de la sabiduría de Dios y tu fe en esa sabiduría?**

Rahab se salvó porque su hija, su tía y su hermana tenían fe. Tu familia también se beneficiará de tu posteridad de fe, pero solo si actúas de acuerdo con tu fe en lugar de solo hablar de ella. ¡Que el espíritu creativo y lleno de fe de Rahab esté contigo cada día!

ESTUDIO 217

LO SABRÁS
Josué 3:1-4

Finalmente, después de 40 años y habiéndose preparado para entrar en la Tierra, llegó la orden de que la gente saliera con estas instrucciones:

> Temprano a la mañana siguiente, Josué y todos los israelitas salieron de la arboleda de Acacias y llegaron a la orilla del río Jordán, donde acamparon antes de cruzar. Tres días después, los jefes israelitas fueron por el campamento y dieron al pueblo las siguientes instrucciones: 'Cuando vean a los sacerdotes levitas llevar el arca del pacto del Señor su Dios, dejen sus puestos y síganlos. Dado que ustedes nunca antes viajaron por este camino, ellos los guiarán. Quédense como a un kilómetro detrás de ellos, mantengan una buena distancia entre ustedes y el arca. Asegúrense de no acercarse demasiado'" (Josué 3:1-4).

La gente estaba a punto de entrar en un nuevo territorio y necesitaba un guía para conocer el camino. ¿Por qué necesitaban un guía? Los jefes le explicaron que "nunca antes había estado así". Y ahora Dios tiene una Tierra Prometida para ti, pero es un territorio nuevo e inexplorado y también necesitarás un guía. Sin embargo, es posible que tengas dudas, no estés seguro de si este nuevo camino es de Dios.

Jesús dio una fórmula simple de cómo conocer la voluntad de Dios en cualquier situación cuando respondió a una pregunta diciendo: "Todo el que quiera hacer la voluntad de Dios sabrá si lo que enseño proviene de Dios o solo hablo por mi propia cuenta" (Juan 7:17). Si quieres descubrir o conocer la voluntad de Dios, entonces comprométete a hacerlo **antes** de saber cuál es. Cuando lo hagas, Dios te lo aclarará. ¿Cómo puedes estar seguro de que lo sabrás? Porque Hebreos 11:6 promete: "De hecho, sin fe es imposible agradar a Dios. Todo el que desee acercarse a Dios debe creer que él existe y que él recompensa a los que lo buscan con sinceridad". Si lo buscas, encontrarás lo que necesitas, pero solo si tienes fe en que puedes hacer lo que Él está a punto de mostrarte.

¿Estás confundido acerca de la nueva forma en que sientes que Dios quiere que te muevas? Entonces, comprométete a seguirlo antes de saber de qué se trata. **¿Tienes miedo al cambio o al futuro?** Entonces comprométete a llevar a cabo la voluntad de Dios antes de saber cuál es. Esa es realmente la prueba definitiva de la fe, porque primero debes creer que Dios revelará cuál es Su voluntad y luego debes confiar en que Él no te va a engañar ni abandonar en el camino. Dios le dijo a la gente en el desierto que confiara en Su dirección y Él está pidiendo lo mismo de ti hoy. Pero antes de que Él te guíe, debes prometer seguirlo y luego salir a lo desconocido, siendo guiado por tu Dios que está completamente claro sobre tu futuro.

ESTUDIO 218

OTRA VEZ, OTRA VEZ NO
Josué 3:7-8

Después de que los sacerdotes hubieron recogido el arca del pacto, Josué les dio las siguientes instrucciones:

Y el Señor dijo a Josué: "Entonces Jehová dijo a Josué: Desde este día comenzaré a engrandecerte delante de los ojos de todo Israel, para que entiendan que como estuve con Moisés, así estaré contigo. Tú, pues, mandarás a los sacerdotes que llevan el arca del pacto, diciendo: Cuando hayáis entrado hasta el borde del agua del Jordán, pararéis en el Jordán" (Josué 3:7-8).

Esto es una reminiscencia de otro momento en la historia del pueblo, cuando estaban parados en el Mar Rojo con el ejército del faraón detrás de ellos después de haber salido de Egipto. Parecían estar atrapados, pero entonces el Señor dividió el mar y pasaron a tierra seca. Sin embargo, aquí estaban de nuevo, enfrentándose a un dilema similar en el sentido de que un cuerpo de agua se interponía entre ellos y la promesa de Dios. Y, por supuesto, aquí nuevamente el Señor proveyó un camino a través de circunstancias imposibles. El apóstol Pablo dijo: "confirmando los ánimos de los discípulos, exhortándoles a que permaneciesen en la fe, y diciéndoles: Es necesario que a través de muchas tribulaciones entremos en el reino de Dios" (Hechos 14:22). Eso parece ser un estímulo extraño, diciéndole a la gente que iba a encontrar muchas dificultades, pero es la verdad.

Dios no realizó el mismo milagro en este caso en el río Jordán que cuando cruzaron el Mar Rojo. Y así fue en el ministerio de Jesús. Rara vez sanaba de la misma manera dos veces, de lo contrario la gente habría puesto su fe en el procedimiento y no en Él. Habrían visto algo así como una fórmula mágica que luego podrían usar para hacer que Dios hiciera su voluntad. Jesús hizo esto para que su fe no estuviera en el procedimiento, ni en las palabras que se dijeron, ni en los actos realizados. Su fe tendría que estar en Dios.

¿Y tú? ¿Has puesto tu fe en un proceso y no en Dios? ¿Has asumido que si das generosamente, Dios tendría que darte a cambio? ¿Has hecho la misma oración que hiciste antes, pero esta vez, Dios no pareció escucharte? El objetivo de este estudio es que Dios quiere que te mantengas enfocado en Él, que obedezcas Sus instrucciones a medida que te enfrentas a las muchas pruebas comunes a todos los creyentes. No busques en el pasado para otra cosa que no sea recordar que Dios te ha sido fiel y que Él obrará de la manera que le parezca mejor.

ESTUDIO 219

TÚ PRIMERO
Josué 3:14-17

El pueblo tenía que cruzar el río Jordán para entrar a su tierra, y para que eso sucediera, Dios ordenó a los sacerdotes que llevaran el arca y se pararan en el río. A partir de ahí, leemos:

Y aconteció cuando partió el pueblo de sus tiendas para pasar el Jordán, con los sacerdotes delante del pueblo llevando el arca del pacto, cuando los que llevaban el arca entraron en el Jordán, y los pies de los sacerdotes que llevaban el arca fueron mojados a la orilla del agua (porque el Jordán suele desbordarse por todas sus orillas todo el tiempo de la siega), las aguas que venían de arriba se detuvieron como en un montón bien lejos de la ciudad de Adam, que está al lado de Saretán, y las que descendían al mar del Arabá, al Mar Salado, se acabaron, y fueron divididas; y el pueblo pasó en dirección de Jericó. Mas los sacerdotes que llevaban el arca del pacto de Jehová, estuvieron en seco, firmes en medio del Jordán, hasta

que todo el pueblo hubo acabado de pasar el Jordán;
y todo Israel pasó en seco (Josué 3:14-17).

Hay mucho que comentar aquí. En primer lugar, el río no estaba en su nivel normal; Estaba en la etapa de inundación. Dios a veces establece circunstancias para probar que tu fe en Él nunca está fuera de lugar, sin importar lo que estés enfrentando. En segundo lugar, el agua no se detuvo y luego los sacerdotes entraron en ella. Tenían que dar un paso para entrar primero, lo que significa que a veces Dios no actuará hasta que actúes con fe.

En tercer lugar, el agua se detuvo en un punto específico río arriba y toda el agua río abajo siguió fluyendo hacia el Mar Muerto. Esto indica que la detención no fue un fenómeno natural; era la obra de la mano de Dios y era específica y mensurable. Finalmente, el lecho del río no estaba fangoso, al igual que el fondo del Mar Rojo no lo estaba cuando la gente había salido de Egipto. Los que cruzaban ni siquiera se ensuciaban los pies pasando por lo que debería haber sido infranqueable. Cuando Dios actúa a tu favor, es amplio y maravilloso de contemplar, hasta el más mínimo detalle.

¿Qué está esperando Dios que hagas antes de hacer lo que solo Él puede hacer? ¿Estás mirando el nivel del agua de tu río, pensando que esperarás a que baje antes de actuar? (En otras palabras, ¿esperar hasta que tengas más dinero, más tiempo, circunstancias más favorables?) No importa lo que estés enfrentando, no puedes permitir que se vuelva más grande en tu mente que la promesa de Dios. Es hora de actuar hoy, así que párate en tu río y ve a Dios moverse a tu favor con actos específicos, sobrenaturales y medibles. ¡Feliz travesía!

ESTUDIO 220

FÁCIL DE OLVIDAR
Josué 4:4-7

La gente completó su viaje a través del río Jordán y finalmente llegó a la Tierra Prometida. Cuando llegaron, Josué les
dio estas instrucciones:

> Entonces Josué llamó a los doce hombres a los cuales
> él había designado de entre los hijos de Israel, uno de
> cada tribu. Y les dijo Josué: Pasad delante del arca de
> Jehová vuestro Dios a la mitad del Jordán, y cada uno
> de vosotros tome una piedra sobre su hombro, con-
> forme al número de las tribus de los hijos de Israel,
> para que esto sea señal entre vosotros; y cuando vues-
> tros hijos preguntaren a sus padres mañana, diciendo:
> ¿Qué significan estas piedras? les responderéis: Que
> las aguas del Jordán fueron divididas delante del arca
> del pacto de Jehová; cuando ella pasó el Jordán, las
> aguas del Jordán se dividieron; y estas piedras servirán
> de monumento conmemorativo a los hijos de Israel
> para siempre (Josué 4:4-7).

Josué quería que el pueblo recordara lo que había sucedido porque, a medida que pasara el tiempo, sería fácil olvidar la fidelidad de Dios cuando surgieran nuevos desafíos. También quería asegurarse de que las generaciones futuras fueran informadas de la bondad de Dios para con sus padres y abuelos. Esto es consistente con lo que Pedro escribió: "Creo que es justo refrescar vuestra memoria mientras yo viva" (2 Pedro 1:13).

¿Qué estás haciendo para "refrescar tu memoria" para que puedas recordar y conmemorar la bondad de Dios? ¿Comparte los testimonios de la obra de Dios en tu vida, ya sea oralmente o por escrito? ¿Dedicas tiempo a tu familia para recordar y recordarse unos a otros cómo Dios ha actuado a su favor? ¿Puedes ver que tu fe pasada desempeña un papel importante en nutrir y fomentar la fe para hoy y mañana? Dado que es fácil olvidar el pasado a la luz de la tribulación presente, sé creativo y establece hábitos que te recuerden cómo Dios ha actuado a tu favor en los buenos y en los malos momentos.

ESTUDIO 221

TU PROVEEDOR, TU PROVISIÓN
Josué 5:10-12

La gente finalmente estaba en la Tierra que Dios les había prometido y sus vidas y rutinas estaban a punto de cambiar. Una de las primeras cosas que hicieron fue celebrar la Pascua. Cuando terminaron, la forma en que Dios proveyó para ellos cambió:

> Y los hijos de Israel acamparon en Gilgal, y celebraron la pascua a los catorce días del mes, por la tarde, en los llanos de Jericó. Al otro día de la pascua comieron del fruto de la tierra, los panes sin levadura, y en el mismo día espigas nuevas tostadas. Y el maná cesó el día siguiente, desde que comenzaron a comer del fruto de la tierra; y los hijos de Israel nunca más tuvieron maná, sino que comieron de los frutos de la tierra de Canaán aquel año (Josué 5:10-12).

Durante 40 años, Dios los alimentó diariamente haciendo llover maná del cielo y nunca les faltó. Sin embargo, ahora que estaban en su tierra, Dios iba a proveer para ellos de una manera diferente.

Es posible que Dios haya provisto para ti de una fuente específica, ya sea una empresa, una invención o un servicio que brindas. Sin embargo, para que no pongas tu fe en esa fuente en lugar de en Él, Él puede cambiar la forma en que Él provee sin previo aviso o sin tu permiso. Eso requerirá que cambies la forma en que piensas para que no vayas persiguiendo el viejo camino que Él proveyó en lugar de abrazar el nuevo. Tenga en cuenta que cualquiera que sea el medio que Dios use, su provisión de Él es un regalo y no el resultado de tu trabajo. Haces el trabajo que Dios quiere que hagas donde Él quiere que lo hagas, pero tus necesidades son satisfechas por Su gracia.

¿Tienes claro que Dios es tu proveedor y no otra persona o fuente? ¿Quiere Dios cambiar la forma o la fuente que ha usado para satisfacer tus necesidades? ¿Estás abierto al cambio o el miedo te hace quedarte más tiempo en la vieja forma de recibir la provisión? ¿Ves tu provisión como un regalo o un salario por el trabajo que has hecho?

Jesús lo dejó claro cuando enseñó que usted debe "Mas buscad primeramente el reino de Dios y su justicia, y todas estas cosas [alimento, vestido, refugio] os serán añadidas" (Mateo 6:33, énfasis agregado). Haces el trabajo en tu Tierra Prometida como Dios te lo indica y deja que Él se ocupe de tus necesidades. Además, permítele elegir cómo proveerá para que tus ojos estén fijos en Él, el proveedor, y no en la provisión en sí.

ESTUDIO 222

UNA EXPERIENCIA REVELADORA
Josué 5:13-15

El pueblo finalmente avanzaba en su tierra solo para que Josué se encontrara con un extraño con quien no estaba familiarizado:

> Estando Josué cerca de Jericó, alzó sus ojos y vio un varón que estaba delante de él, el cual tenía una espada desenvainada en su mano. Y Josué, yendo hacia él, le dijo: ¿Eres de los nuestros, o de nuestros enemigos? Él respondió: No; mas como Príncipe del ejército de Jehová he venido ahora. Entonces Josué, postrándose sobre su rostro en tierra, le adoró; y le dijo: ¿Qué dice mi Señor a su siervo? Y el Príncipe del ejército de Jehová respondió a Josué: Quita el calzado de tus pies, porque el lugar donde estás es santo. Y Josué así lo hizo (Josué 5:13-15).

Como cualquier militar preguntaría, Josué quería saber quién era este hombre para poder determinar si estaba del lado de Israel o no. Fue entonces cuando el hombre reveló que no era un hombre en absoluto; era el capitán del ejército del Señor. Luego le indicó a Josué que se quitara las sandalias como la voz le había dicho a Moisés que hiciera en la zarza ardiente. ¡Esto indica que el "hombre" no era otro que Dios mismo!

Dios tiene que abrir todos nuestros ojos para ver las cosas como son y no como suponemos que son. Y a veces es fácil pensar que solo estamos tratando con otras personas cuando en realidad estamos tratando con Dios mismo. Quizás es por eso que Pablo oró: "Alumbrando los ojos de vuestro entendimiento, para que sepáis cuál es la esperanza a que él os ha llamado, y cuáles las riquezas de la gloria de su herencia en los santos, y cuál la supereminente grandeza de su poder para con nosotros los que creemos, según la operación del poder de su fuerza" (Efesios 1:18-19). El desafío es que a menudo no somos conscientes de que nuestros ojos necesitan ser abiertos. Es por eso que es mejor asumir que necesitan ser abiertos, que hay algo que no estás viendo, y buscar la ayuda de Dios.

¿Qué es lo que no ves? ¿Es tu propósito o tu poder impactar a los demás? ¿Cuál es la importancia de tu creatividad? ¿Tienes el poder de establecer grandes metas? Pídele a Dios que te muestre lo que no puedes ver para que no tengas tu propio encuentro con el capitán del ejército del Señor, pensando que es solo otro evento cotidiano. Y luego prepárense para quitarse los zapatos y adorar, porque estarán parados en tierra de propósito santo.

ESTUDIO 223

UN TRATO HECHO
Josué 6:1-5

Finalmente, la gente estaba lista para tomar su Tierra Prometida de los habitantes anteriores, pero su primera ciudad presentaba un gran desafío, o eso pensaban:

Ahora, Jericó estaba cerrada, bien cerrada, a causa de los hijos de Israel; nadie entraba ni salía. Mas Jehová dijo a Josué: Mira, yo he entregado en tu mano a Jericó y a su rey, con sus varones de guerra. Rodearéis, pues, la ciudad todos los hombres de guerra, yendo alrededor de la ciudad una vez; y esto haréis durante seis días. Y siete sacerdotes llevarán siete bocinas de cuernos de carnero delante del arca; y al séptimo día daréis siete vueltas a la ciudad, y los sacerdotes tocarán las bocinas. Y cuando toquen prolongadamente el cuerno de carnero, así que oigáis el sonido de la bocina, todo el pueblo gritará a gran voz, y el muro de la ciudad caerá; entonces subirá el pueblo, cada uno derecho hacia adelante" (Josué 6:1-5).

A primera vista, parecía que la ciudad era inexpugnable y requeriría un asedio y una batalla bastante prolongada. Pero fíjese en lo que dijo el Señor: "He *entregado* Jericó en tus manos". Desde el punto de vista de Dios, ¡era un trato culminado! Entonces Dios procedió a revelarle Su plan de batalla a Josué, lo cual era poco convencional por decir lo menos. La gente solo tuvo que marchar alrededor de la ciudad durante una semana y luego ver cómo caían los muros.

Dios te ha puesto en algunas situaciones desafiantes y puedes pensar que también estas una lucha prolongada. Pero tal vez Dios te está diciendo hoy: "¡Ya he ganado esta batalla en tu nombre!" Por lo tanto, no hay necesidad de esperar lo peor, porque Dios ya ha puesto lo mejor en movimiento. Para que eso ocurra, Dios te dará una estrategia que parece contraria a la intuición al principio. Por ejemplo, estás necesitado, pero Dios te dirige a dar primero. Te enfrentas a una situación hostil, pero Dios te dirige a ser amable y misericordioso con tus adversarios. O estás luchando para llegar al fin de mes, ¡pero Dios te muestra que es un buen momento para expandirte!

¿Dónde necesitas una estrategia para lograr tus grandes objetivos? ¿Te sientes frente a tu Jericó con sus puertas enrejadas lo cual significa que necesitas encontrar una manera de que sus muros caigan? Dios todavía está en el negocio de la estrategia y quiere impartirte un plan. Todo lo que tienes que hacer es obedecer, no importa lo extraño que parezca, para que tú también puedas superar grandes obstáculos con la más simple de las acciones.

ESTUDIO 224

HAZ TU PARTE
Josué 6:12-15

Josué y el pueblo tenían sus órdenes de marchar. Todos los días durante una semana, caminaron alrededor de Jericó, tocando sus trompetas pero sin decir una palabra:

Y Josué se levantó de mañana, y los sacerdotes tomaron el arca de Jehová. Y los siete sacerdotes, llevando las siete bocinas de cuerno de carnero, fueron delante del arca de Jehová, andando siempre y tocando las bocinas; y los hombres armados iban delante de ellos, y la retaguardia iba tras el arca de Jehová, mientras las bocinas tocaban continuamente. Así dieron otra vuelta a la ciudad el segundo día, y volvieron al campamento; y de esta manera hicieron durante seis días. Al séptimo día se levantaron al despuntar el alba, y dieron vuelta a la ciudad de la misma manera siete veces; solamente este día dieron vuelta alrededor de ella siete veces (Josué 6:12-15).

¿Alguna vez te has preguntado qué estaba pensando la

gente dentro de Jericó? "¿Qué están haciendo? Eso es estúpido. ¿Cómo esperan tomar nuestra ciudad si todo lo que usan son trompetas? ¿Por qué no pelean?" Los israelitas pensaban las mismas cosas, tal vez por eso fueron ordenados guardar silencio mientras marchaban, para no hablar ni desanimarse unos a otros.

Además, el pueblo no podía tomar ningún atajo para llevar a cabo lo que el Señor les había mandado hacer. Tenían que hacer su parte, que era una marcha diaria en silencio durante una semana, y entonces y solo entonces Dios haría Su parte. El concepto se explica en Hebreos: "No perdáis, pues, vuestra confianza, que tiene grande galardón; porque os es necesaria la paciencia, para que **habiendo hecho la voluntad de dios**, obtengáis la promesa" (Hebreos 10:35-36, énfasis añadido).

¿Qué te ha mandado Dios a hacer? ¿Qué promesa te ha hecho de lo que sucederá cuando lo hagas? ¿Estás siendo diligente para llevar a cabo Sus instrucciones? ¿Esperas que Dios haga su parte antes de que tú hagas la tuya? La fe es una asociación, no como el servicio a la habitación de un hotel, en el que pides lo que quieres y luego esperas a que te lo entreguen. El pueblo caminó, tocó la trompeta y se quedó quieto durante siete días, y cuando lo hicieron, Dios les dio la victoria. Tú haces tu parte y así como Él lo hizo en Jericó, Dios hará la Suya.

ESTUDIO 225

CUMPLIR
LO ACORDADO
Josué 6:22-23

Cuando cayeron los muros de Jericó, era hora de que los espías cumplieran la promesa que habían hecho de perdonar a Rahab y a su familia:

> Pero Josué dijo a los dos hombres que habían reconocido la tierra: "Entrad en casa de la mujer ramera, y haced salir de allí a la mujer y a todo lo que sea suyo, como lo jurasteis." Los espías entraron y sacaron a Rahab, a su padre, a su madre, a sus hermanos y todo lo que era suyo; también sacaron a toda su parentela, y los pusieron fuera del campamento de Israel (Josué 6:22-23).

Josué sabía lo importante que es cumplir la palabra y nada ha cambiado desde su época. El Salmo 15 hace la pregunta: "Señor Jehová, ¿quién habitará en tu Tabernáculo?, ¿quién morará en tu monte santo? y luego responde en parte: "El que aun jurando en daño suyo, no por eso cambia" (Salmo 15:1, 4b). Es importante que entiendas esto, porque si Dios te va a usar al máximo de acuerdo con tu propósito y dones creativos, tienes que ser una persona de palabra y cumplir las promesas que te haces a ti mismo y a los demás.

¿Eres ligero con tus compromisos y votos, solo para encontrar excusas de por qué ahora no es el momento adecuado para cumplirlos? ¿Dices que llamarás, te reunirás u orarás por alguien, pero nunca lo cumplirás? ¿Solo hablas de lo que vas a hacer o lo haces? ¿Declaras que escribirás esto o pintarás aquello o aprenderás esto, pero nunca actúas de acuerdo con tu propia declaración?

Una promesa hecha sinceramente pero nunca cumplida es, en cierto sentido, una mentira, por lo que, si vas a ser productivo y tener un propósito, debes tomar en serio tus propias palabras. Siga el ejemplo de los espías de Josué, quienes se aseguraron de cumplir lo que habían dicho y ayudaron a salvar a un extranjero que pasó a ser mencionado en el árbol genealógico de Jesús (véase Mateo 1:5).

ESTUDIO 226

FAMA
Josué 6:27

Veamos un versículo que describe la reputación de Josué después de que se derrumbaron las murallas de Jericó:

Así que el Señor estaba con Josué, y su fama se extendió por toda la tierra (Josué 6:27).

Josué era famoso y todo fue obra de Dios, porque Dios lo puso en la posición en la que estaba e hizo que la gente hablara de él y de sus hazañas. Es difícil para algunos comprender que Dios también puede querer que tengan una reputación y que sean conocidos por el propósito o la creatividad que Dios les ha dado. Esto se debe a que se nos ha enseñado a pensar en lo que dijo Juan el Bautista: "Es necesario que se haga más grande; Es necesario que me haga menos" (Juan 3:30).

Sin embargo, Juan dijo eso debido a que algunos de sus discípulos estaban celosos de Jesús, quejándose de que "Rabí, ese hombre que estaba contigo al otro lado del Jordán, de quien tú testificaste, mira, él está bautizando, y todos van a él" (Juan 3:26). La respuesta de Juan fue en términos de prominencia pública y notoriedad, no de dones o personalidad.

La verdad es que, si Dios quiere darte fama y usarla para Su propósito, no es asunto tuyo. Jugar a lo pequeño o esconderse cuando Dios te ha otorgado una personalidad que puede atraer e impactar a muchos es negarle a Dios el derecho de hacer lo que Él quiere cuando Él quiere como Él quiere con tu vida. Dios no se siente inseguro ni amenazado cuando se conoce a su pueblo, porque esa es la única manera en que se le conocerá a Él.

Si Dios te ha hecho con una personalidad prominente o carismática, lo importante no es negar quién eres, sino mantenerte humilde. Y puedes permanecer humilde siendo un siervo, como lo fue Josué, sirviendo a las necesidades de la gente, lo cual se puede hacer mejor a través del lugar prominente que el Señor te ha asignado.

ESTUDIO 227

NO TE OLVIDES DE LA SANTIDAD
Josué 7:10-12

Los israelitas enviaron un grupo de asalto para ocuparse de un pequeño número de enemigos, pero fueron derrotados y se retiraron. Josué quedó atónito por esta derrota y buscó al Señor por la razón, a lo que el Señor respondió:

"¡Jehová respondió a Josué: —¡Levántate! ¿Por qué te postras así sobre tu rostro? Israel ha pecado, y aun han quebrantado mi pacto, el que yo les mandé. También han tomado algo del anatema, y hasta lo han robado, han mentido, y aun lo han guardado entre sus enseres. Por esto los hijos de Israel no podrán hacer frente a sus enemigos, sino que delante de sus enemigos volverán la espalda, por cuanto han venido a ser anatema. No estaré más con vosotros si no hacéis desaparecer el anatema de en medio de vosotros" (Josué 7:10-12).

En esta serie, hablamos mucho sobre el propósito, la creatividad y la fe, pero no podemos descuidar el hecho de que todo lo que hablamos se basa en la santidad, que simplemente significa ser obediente a los mandamientos de Dios con respecto al dinero, las relaciones y los asuntos de adoración. Y lo que es más, en este caso fue solo la familia de un hombre la que fue culpable de las cosas que el Señor identificó como la fuente de la derrota de Israel.

Mientras buscas la voluntad de Dios para tu vida, ¿estás prestando atención también a las cuestiones éticas? Por ejemplo, ¿trabajas un día completo aunque seas autónomo? ¿Pagas bien a tus empleados y de manera oportuna o te sometes a tu liderazgo si estás empleado? ¿Te estás comportando con rectitud en todas tus relaciones? ¿Eres sincero con los demás? ¿Cuidando de tu familia?

Estos y muchos otros de los requisitos morales básicos de Dios deben ser obedecidos si usted quiere tener éxito en las áreas de la vida que este estudio examina. En pocas palabras, ¡no te olvides de la santidad!

ESTUDIO 228

DESOBEDIENCIA
Josué 7:25-26

En este capítulo y el próximo, veremos dos monumentos conmemorativos que el Señor hizo erigir al pueblo después de que entraron en la Tierra. La primera fue conmemorar su derrota en Hai debido al pecado de un hombre llamado Acán. Leemos la extraña y aparentemente dura sentencia que se llevó a cabo contra él por no obedecer al Señor:

> Allí le dijo Josué: —¿Por qué nos has turbado? Que Jehová te turbe en este día. Y todos los israelitas los apedrearon, y los quemaron después de apedrearlos. Sobre él levantaron un gran montón de piedras que permanece hasta hoy. Así Jehová se calmó del ardor de su ira. Por eso aquel lugar se llama el valle de Acor, hasta hoy (Josué 7:25-26).

Esta puede ser una historia difícil de entender porque la frase parece excesiva. La única manera de acercarse a ella es recordar lo que Pablo escribió siglos después: "Las cosas que se escribieron antes, para nuestra enseñanza se escribieron, a fin de que, por la paciencia y la consolación de las Escrituras, tengamos esperanza" (Romanos 15:4). La historia de Acán nos enseña que la desobediencia tiene graves consecuencias para nosotros mismos y para los demás, y no solo por las cosas malas que hacemos, sino por las cosas buenas que podríamos haber hecho, pero no hicimos.

¿Estás siendo obediente a tu propósito? ¿Eres diligente para expresar tu creatividad? ¿Te estás fijando metas de fe que te ayudarán a impulsar tu fructificación en Él? ¿Estás aprovechando al máximo el tiempo que tienes? No hacer ninguna de esas cosas tiene serias implicaciones, porque no hiciste lo que podrías haber hecho para ayudar o tocar a aquellos que se habrían beneficiado de tu presencia o propósito. Es hora de reflexionar sobre lo que puedes aprender de no hacer la voluntad de Dios hasta el próximo capitulo, cuando veremos un monumento que Israel construyó para conmemorar un tiempo en el que obedecieron al Señor.

ESTUDIO 229

VICTORIA
Josué 8:28-29

En este capítulo, observamos otro monumento que el pueblo erigió para conmemorar un acontecimiento al entrar en la Tierra prometida. Es bastante horripilante para los lectores modernos, pero como aprendimos el capítulo pasado, está ahí para nuestra instrucción, como Pablo nos enseñó en Romanos 15:4: "Las cosas que se escribieron antes, para nuestra enseñanza se escribieron, a fin de que, por la paciencia y la consolación de las Escrituras, tengamos esperanza".

> Josué quemó a Hai y la redujo a un montón de escombros, desolada para siempre hasta hoy. Al rey de Hai lo colgó de un madero hasta caer la noche, y cuando el sol se puso, mandó Josué que quitaran del madero su cuerpo y lo echaran a la puerta de la ciudad. Luego levantaron sobre él un gran montón de piedras, que permanece hasta hoy (Josué 8:28-29).

Cuando Israel se acercó por primera vez a la ciudad de Hai, uno de los suyos había desobedecido al Señor, lo que hizo que perdieran su escaramuza inicial con los habitantes. Después de que Josué abordó su fracaso, obedecieron al Señor y Él les dio la victoria. Y erigieron un monumento aleccionador a lo que allí sucedió. Esta historia nos recuerda que no estamos involucrados en un juego cuando entramos en el Reino de Dios. Tu propósito y creatividad, tus metas y tu tiempo no deben ser tratados a la ligera, como un pasatiempo o algo que podrás cumplir y utilizar "algún día".

¿Estás obedeciendo la "voz del Señor" mientras sigues tu gozo e intereses para ser fiel a lo que Él te hizo ser? ¿Estás creciendo y aprendiendo, construyendo sobre tus éxitos (y fracasos) pasados para ser más útil en las manos de Dios? ¿Qué más puedes hacer para vencer y dar muerte a esas cosas que están obstaculizando tu progreso en las cosas de Dios?

Dios te ha puesto donde estás para tener éxito y dar fruto, y cualquier otra cosa es inaceptable para Él, y también debería serlo para ti. A medida que ganes confianza y crezcas en el Señor, debes erigir tus propios memoriales, formas para que recuerdes y saques fuerzas de tus victorias del pasado, para que puedas ir de gloria en gloria y ser más que un conquistador en Cristo.

ESTUDIO 230

CONSTRUCTORES OCUPADOS
Josué 8:30-31

Después de que la gente entró en la Tierra, vemos de nuevo en este capítulo que estaban ocupados construyendo monumentos y altares:

> Entonces Josué edificó un altar a Jehová, Dios de Israel, en el monte Ebal, como Moisés, siervo de Jehová, lo había mandado a los hijos de Israel y como está escrito en el libro de la ley de Moisés: un altar de piedras enteras sin labrar. Ofrecieron sobre él holocaustos a Jehová y sacrificaron ofrendas de paz (Josué 8:30-31).

Ya habían construido monumentos conmemorativos del milagro de Dios al cruzar el Jordán, de su desobediencia en la ciudad de Hai y de su posterior victoria allí después de su obediencia. Esta vez estaban echando "raíces de adoración" al construir un altar como lo habían hecho Abraham, Isaac y Jacob en la Tierra siglos antes del regreso del pueblo.

Fíjate en cómo debían construir el altar. Solo debían usar "piedras sin labrar en las que no se hubiera usado ninguna herramienta de hierro". ¿Por qué? Era para que la gente no tuviera la sensación de que estaban construyendo un altar para Dios para Su beneficio. No eran para refinarlo, decorarlo, y adornarlo según su gusto. Este altar debía ser uno de y para Su obra, usando las piedras tal como Dios las había creado para construir algo para su beneficio. Era en ese altar donde debían adorarlo con "holocaustos y ofrendas de comunión".

Los sacerdotes no debían comer una ofrenda quemada, sino que debía ser totalmente consumida por el fuego. Las ofrendas quemadas en ese altar eran un sacrificio para Dios y solo para Dios para significar que lo que habían logrado al entrar en la Tierra era para los propósitos de Dios y no para los suyos propios. Sin embargo, las ofrendas de comunión eran sacrificios de acción de gracias que el pueblo y los sacerdotes comían con alegría y alegría.

¿Estás haciendo lo que haces para Dios al expresar tu propósito y creatividad? ¿Te estás rindiendo y comprometiendo tu tiempo y esfuerzo con Él? Tienes un propósito porque Dios tiene algo que quiere lograr a través de ti. Es para Él y por Él. Bendecirás y beneficiarás a los demás, pero esa no es la razón principal por la que funcionas con un propósito creativo. Lo haces porque es la voluntad de Dios, ni más ni menos. Debes ser un constructor ocupado, pero siempre construyendo por la razón correcta, que es hacer el trabajo que Dios ha asignado y que solo tú puedes hacer.

ESTUDIO 231

CREATIVIDAD LATENTE
Josué 8:32

Eres una obra maestra creativa hecha por Dios, pero puedes pensar que no eres muy creativo. Sin embargo, puesto que estás hecho a Su imagen, también eres un ser creativo. Hablemos de un aspecto de tu creatividad que quizás no hayas considerado. En Josué, leemos:

> También escribió allí sobre las piedras una copia de la ley de Moisés, la cual escribió delante de los hijos de Israel (Josué 8:32).

Josué sabía escribir y, con toda probabilidad, tú también. Sabemos que podía escribir porque escribió la Ley en las piedras. Si alguien no sabe escribir, no es que no tenga la habilidad. Es solo que nunca se les ha enseñado. Y cuando se les enseñan las reglas que todos aprenden, entonces escribirán en un estilo que es único para ellos, tanto que un experto podría examinar muestras de su escritura y determinar si escribieron algo o no. El punto es que su letra es un ejemplo de una creatividad latente que se le ha dado a todo el mundo.

Y otra lección es que no puedes escribir hasta que te hayan enseñado. Una vez enseñado, produces algo que es único para lo que Dios te hizo ser. Esto plantea la pregunta: **¿Qué otra creatividad latente tienes de la que no eres consciente? Si te pueden enseñar a escribir, ¿puedes aprender a pintar, escribir, esculpir, hablar un nuevo idioma o iniciar un negocio?** La respuesta a todo esto es que si puedes. **¿Cómo sabrías lo que necesitas que te enseñen sobre alguna expresión creativa?** Lo sabrás prestando atención a lo que te interesa. Es lo que has dicho a lo largo de los años: "Me gustaría tomar clases de cerámica, o cursos de escritura creativa, u obtener un título en negocios, o aprender a hablar francés, o tomar lecciones de piano".

Si has dicho esas cosas u otras similares, ahora es el momento de actuar. Este es el día que el Señor ha hecho, así que diseña un plan para que puedas estar expuesto a algo nuevo. No sabrás si tienes la capacidad latente de hacerlo hasta que te lo indiquen y luego practiques, pero al igual que la capacidad de escribir, hay otras habilidades creativas en ti esperando ser activadas. Ahora es el momento de averiguar cuáles son, y luego desarrollar tu propio estilo, tal como lo harías con tu letra. Y entonces tendrás una expresión creativa que es tuya para hacer con lo que te gustaría por el resto de tu vida.

ESTUDIO 232

NOCHES DE INSOMNIO
Josué 10:7-9

Josué continuó guiando al pueblo a través de la Tierra, luchando y derrotando a los habitantes. Cuando varios reyes locales se unieron para derrotar a los judíos, leemos cómo Josué respondió:

> Y Josué subió de Gilgal, él y toda la gente de guerra con él, y todos los valientes guerreros. Y el Señor dijo a Josué: No les tengas miedo, porque los he entregado en tus manos; ninguno de ellos te podrá resistir. Vino, pues, Josué sobre ellos de repente, habiendo marchado toda la noche desde Gilgal (Josué 10:7-9).

Dios le aseguró a Josué que la victoria era de ellos, pero fíjense en lo que él y su ejército tenían que hacer. ¡Tuvieron que marchar toda la noche y luego tuvieron que luchar todo el día! No hubo atajos para su victoria en esta instancia. Tenían que perder un poco de sueño y luego ir directamente a la batalla, confiando no en sus propias fuerzas, sino en las de Dios.

Más tarde leemos que tanto Jesús como Pablo "perdieron el sueño" mientras llevaban a cabo su propósito:

> En esos días Él se fue al monte a orar, y pasó toda la noche en oración a Dios. Cuando se hizo de día, llamó a sus discípulos y escogió doce de ellos, a los que también dio el nombre de apóstoles (Lucas 6:12-13).

> En trabajos y fatigas, en muchas noches de desvelo, en hambre y sed, a menudo sin comida, en frío y desnudez (2 Corintios 11:27).

¿Hay algo tan importante para ti que estés dispuesto a sacrificar el sueño para hacerlo? ¿Confías entonces en Dios que tendrás la energía que necesitas para llevar a cabo tus deberes mientras duermes menos de lo que pensabas que necesitabas? Note que Jesús pasó la noche en oración antes de seleccionar a los obreros que permanecerían más cerca de Él a lo largo de Su ministerio. Lo hizo para asegurarse de que conocía a los hombres que debía seleccionar. Al igual que Jesús y Josué, tú también debes estar dispuesto a buscar a Dios para ver que tu propósito y creatividad son todo lo que Dios tenía en mente para que ellos fueran, para que Dios pueda darte la victoria en todo lo que hagas.

ESTUDIO 233

MÁS TIEMPO
Josué 10:12-14

Josué y sus hombres marcharon toda la noche y entraron en batalla al día siguiente, sorprendiendo a sus enemigos cuando atacaron, como leímos en el capitulo pasado. Tenían tanto que hacer y la batalla iba tan bien a su favor que Josué hizo esta oración:

> Entonces Josué habló al Señor el día en que el Señor entregó a los amorreos delante de los israelitas, y dijo en presencia de Israel: "Sol, detente en Gabaón, Y tú luna, en el valle de Ajalón". Y el sol se detuvo, y la luna se paró, Hasta que la nación se vengó de sus enemigos. ¿No está esto escrito en el libro de Jaser? Y el sol se detuvo en medio del cielo y no se apresuró a ponerse como por un día entero. Ni antes ni después hubo día como aquel, cuando el Señor prestó atención a la voz de un hombre, porque el Señor peleó por Israel (Josué 10:12-14).

¡Qué acontecimiento tan extraordinario fue este! Los

hombres habían marchado toda la noche, luchado todo el día, y el sol y la luna se mantuvieron inmóviles en sus cursos para que el ejército pudiera luchar otro día y otra noche. Según mis cálculos, Josué y sus hombres marcharon o lucharon durante 72 horas sin descanso. Dios les dio el tiempo y la energía que necesitaban para hacer el trabajo que Él les había encomendado. En esencia, tenían fe en el tiempo y Dios se la dio junto con una gran victoria.

Más tarde, Pablo escribió: "Por tanto, *tengan cuidado* cómo andan; no como insensatos sino como sabios, aprovechando bien el tiempo, porque los días son malos" (Efesios 5:15-16, NBLA, énfasis añadido). **¿Estás aprovechando al máximo tu tiempo? ¿Le estás creyendo al Señor por tener más tiempo, que es simplemente el tiempo que necesitas para hacer las cosas más importantes? ¿Confías en Dios para que te ayude a hacer más con menos tiempo? ¿Ves que, junto con el tiempo, Dios puede darte energía y sabiduría sobrenatural para hacer cualquier trabajo, sin importar cuán grande o abrumador sea?**

Dios puede aumentar lo que parece ser un poco de tiempo, en todas las horas que necesitas para hacer Su voluntad mientras llevas a cabo tu propósito y expresas tu creatividad. A medida que aprendes a tener fe para la provisión de dinero, estudios y el ministerio, Dios quiere que tú también tengas fe de que tendrás el tiempo y la fuerza necesaria. Recuerda, no estás solo, porque Dios está trabajando a tu favor, siempre a tu lado.

ESTUDIO 234

¿POR CUÁNTO TIEMPO?
Josué 10:24-25

Dios le había dado a la gente la Tierra, pero todavía tenían que luchar por el derecho a vivir en lo que Dios les había dado. Después del milagro de que el sol y la luna se detuvieran, todavía había mucho trabajo por hacer antes de que pudieran descansar:

> Cuando se los trajeron, Josué convocó a todo el ejército israelita y ordenó a todos los comandantes que lo habían acompañado: "Acérquense y písenles el cuello a estos reyes". Los comandantes obedecieron al instante. Entonces Josué dijo: "No teman ni se desanimen; al contrario, sean fuertes y valientes. Esto es exactamente lo que el Señor hará con todos los que ustedes enfrenten en batalla" (Josué 10:24-25).

Al igual que el ejército de Josué, tú también tienes mucho

trabajo por delante para entrar y disfrutar de todo lo que Dios te ha prometido. A través de todo esto, Dios te está enseñando cómo mantenerte firme en la autoridad de tu propósito y las promesas de que Él responderá tus oraciones y te dará la victoria. Él te ha dado un propósito, pero ahora tienes que enfrentarte a tus enemigos y pararte sobre su cuello, para hablar, abordar y superar comportamientos motivados por el miedo, la ira y el egoísmo.

Y cuando comienzas la batalla contra ellos, parece que nunca terminará, porque siguen apareciendo más enemigos. Alguien dijo una vez: "nuevos niveles, nuevos demonios". Sin embargo, ¿cuál es la palabra del Señor para ti? Es "no tengáis miedo; No te desanimes; Sé fuerte y valiente". **¿Por cuánto tiempo?** Durante el tiempo que sea necesario para obtener la victoria sobre la duda, la condena y la mentalidad de pobreza.

¿Te estás cansando de lo que parece una batalla constante? ¿Te preguntas si vale la pena toda la lucha para llegar a lo que Dios tiene para ti? No hay problema en responder afirmativamente a esas preguntas, pero es un problema si te retraes de hacer lo que debes para llegar a ser tú mismo:

Así que no desperdicies tu confianza; será recompensada con creces. Necesitas perseverar para que cuando hayas hecho la voluntad de Dios, recibas lo que Él ha prometido. Porque: "Pues dentro de muy poco tiempo, 'el que ha de venir vendrá y no tardará. Pero el justo vivirá por la fe. Y si se vuelve atrás, no será de mi agrado'. Pero nosotros no somos de los que se vuelven atrás y acaban por perderse, sino de los que tienen fe y preservan su vida" (Hebreos 10:37-39).

Al leer esto, anímate a saber que Dios te está enseñando y transformando en medio de tus batallas. Un día, tendrás un testimonio y victorias que te permitirán ayudar a los demás y, al mismo tiempo, te darán el poder de vivir en la Tierra Prometida de propósito que Dios te está dando.

ESTUDIO 235

MUCHO CON POCO
Josué 10:42

Nuestro Dios es un Dios eficiente. Él hace las cosas con un mínimo de esfuerzo cuando está trabajando con súbditos cooperativos y obedientes, y Josué y su ejército eran solo eso. Después de su incursión inicial en la Tierra Prometida, leemos este sencillo resumen:

> A todos esos reyes y sus territorios Josué los conquistó en una sola expedición, porque el Señor, Dios de Israel, combatía por su pueblo (Josué 10:42).

Dios estaba peleando por Israel, pero Israel todavía tenía que pelear, si eso tiene sentido. Tuvieron que esforzarse e invertir su tiempo, pero cuando lo hicieron, Dios "luchó por Israel" y lograron mucho en poco tiempo. Es importante que entiendas esto. ¿Por qué? Porque a menudo no has hecho algo porque pensaste, no tengo tiempo. Pero si Dios está contigo, Él puede empoderarte y fortalecerte para hacer más con menos: tiempo, energía, dinero o cualquier otro recurso que se necesite para hacer el trabajo.

Dios puede detener el sol, proveer a través de animales como cuervos o peces, calmar mares embravecidos, o confundir a aquellos que se oponen a ti. Puede derrotar a las fuerzas superiores alineadas contra ti, dividir las aguas o multiplicar algunas raciones en un festín. Esas son solo algunas de las cosas que Él puede hacer por ti, pero tú tienes que hacer tu parte. Tienes que confiar en Él y actuar, en lugar de esperar a que Él se mueva antes de que tú lo hagas.

¿Qué has estado diciendo que harás "algún día"? ¿Qué te han convencido de que no puedes hacer porque no tienes algo, en lugar de actuar, creyendo que Dios proveería ese algo? ¿Qué has dicho que no tienes tiempo para hacer, pero que podrías comenzar, confiando en que Dios podría estirar el tiempo que tienes?

Josué hizo mucho en un corto período de tiempo y ese fue solo el comienzo de sus hazañas en su nueva patria. Deja que Dios te ayude a hacer más también y cuando lo hagas, se convertirá no solo en un evento especial, sino en una forma de vida mientras ves a Dios moverse a tu favor una y otra vez.

ESTUDIO 236

FRUTO
Josué 12:1, 24

Josué y su ejército continuaron recorriendo la Tierra, derrotando y despojando a los líderes y habitantes que estaban allí:

Estos son los reyes del oriente del río Jordán a quienes los israelitas mataron y les quitaron sus tierras. El territorio de esos reyes se extendía desde el valle del Arnón hasta el monte Hermón y abarcaba toda la tierra situada al oriente del valle del Jordán.

y el rey de Tirsa. En total, los israelitas derrotaron a treinta y un reyes (Josué 12:1, 24).

El escritor hizo una pausa en la narración histórica para dar cuenta de los reyes que habían sido derrotados, nombrando a cada rey por su nombre y luego sumando la lista. Esta lista representaba el fruto de su labor y la evidencia tangible de la presencia de Dios que los ayudaba.

Y ahora se nos manda que también demos fruto en nuestra tierra prometida como Jesús nos enseñó a hacer: "Les digo la verdad, todo el que crea en mí hará las mismas obras que yo he hecho y aún mayores, porque voy a estar con el Padre" (Juan 14:12) y "Ustedes no me eligieron a mí, yo los elegí a ustedes. Les encargué que vayan y produzcan frutos duraderos, así el Padre les dará todo lo que pidan en mi nombre" (Juan 15:16).

Cuando te detienes a pensarlo, el fruto siempre es medible: una libra, un bushel, media fanega, un picoteo, una pinta, un puñado o un racimo. Así que cuando Jesús te dice que des fruto, debes ser capaz de contarlo para que sepas cuánto "pesa" o qué tan numeroso es. Y Jesús espera que des fruto en mayor medida porque el Espíritu está en ti para ayudarte a producir no solo fruto interno, sino **también fruto externo para el Reino que glorificará a Dios.**

¿Cuál es y dónde está tu fruto? ¿Es importante para ti que lo soportes? ¿Puedes describirlo? ¿Cómo lo estás midiendo? ¿Quedaste con ganas de más? El fruto de cada uno varía porque cada uno tiene diferentes dones y está trabajando en una parte diferente de la viña de Dios. El fruto espiritual puede ser difícil de medir, pero eso no significa que no debamos tratar de medirlo. Piense un poco en este asunto y luego determine ser más consciente de su necesidad de medir su fruto y, con suerte, ver que aumenta con el tiempo.

ESTUDIO 237

DE EDAD AVANZADA
Josué 13:1, 6-7

Hemos seguido la historia de la vida de Josué desde que era ayudante de Moisés en Éxodo, y finalmente había llegado la realidad de su mortalidad:

> Cuando Josué ya era anciano, el Señor le dijo: "Estás envejeciendo y todavía queda mucha tierra por conquistar y toda la zona montañosa desde el Líbano hasta Misrefot-maim, incluida toda la tierra de los sidonios. "Yo mismo iré expulsando a esos pueblos de la tierra del paso de los israelitas. Así que asegúrate de darle esta tierra a Israel como una preciada posesión, tal como te lo ordené. Incluye todo este territorio como posesión de Israel cuando repartas la tierra entre las nueve tribus y la media tribu de Manasés" (Josué 13:1, 6-7).

Nótese que Dios hizo que Josué trabajara hasta el final, repartiendo la tierra y haciendo planes para que el resto de la Tierra fuera asegurada y habitada.

Dios tiene un propósito de trabajo para que tú también lo hagas, y siempre implica servir a otras personas, ayudando a abordar sus necesidades. Dado que sus necesidades siguen apareciendo, entonces tu propósito permanece intacto hasta que no tengas fuerza o capacidad para expresarlo. Esto es importante, ya que las tendencias modernas parecen indicar que los trabajadores son efectivos hasta cierta edad, pero después de eso deben jubilarse. Sin embargo, ese no parece ser el pensamiento de Dios. Esto tiene implicaciones para ti sin importar tu edad. Si eres joven, debes prepararte física y financieramente para tener la salud y el dinero para servir activamente al Señor en tus últimos años. Si eres mayor, no debes caer en la idea de que mereces un descanso y así desperdiciar tus últimos años en el ocio o en retirarte del servicio activo en el ejército de Dios.

Entonces, **¿en qué punto de la vida te encuentras? ¿Qué estás haciendo para prepararte para la vejez? ¿Está acumulando sabiduría y habilidad para servir con distinción durante el tiempo que el Señor lo permita? ¿Te mantienes relevante para que Dios pueda usarte en cada generación en la que vives?** Que Dios te conceda muchos años fructíferos en Su servicio, y que mantengas tu mente abierta a lo que el Señor dice acerca de la vejez y no a lo que la cultura dicta que debe ser.

ESTUDIO 238

SIN TIERRA
Josué 13:14, 33

Josué estaba dirigiendo la distribución de la tierra a las tribus, pero vemos que se menciona dos veces que una tribu no obtuvo tierra:

Pero a la tribu de Leví no dio heredad; los sacrificios de Jehová Dios de Israel son su heredad, como él les había dicho.

Mas a la tribu de Leví no dio Moisés heredad; Jehová Dios de Israel es la heredad de ellos, como él les había dicho (Josué 13:14, 33).

Los levitas no recibían ninguna tierra porque debían servir al Señor y al pueblo en Su lugar santo y debían vivir de las ofrendas del pueblo. Esto se debe a que el Señor y Su servicio eran su porción, como Jeremías declaró: "Me digo: 'El Señor es mi herencia, por lo tanto, ¡esperaré en él!'" (Lamentaciones 3:24, énfasis añadido). Más adelante veremos que Dios les dio ciudades en las cuales vivir dentro de los límites del territorio de cada tribu.

Entonces Jesús explicó:—Mi alimento consiste en hacer la voluntad de Dios, quien me envió, y en terminar su obra" (Juan 4:34). Ahora somos un reino de sacerdotes y el Señor es también nuestra porción y nuestro "alimento" es hacer Su voluntad. Y la forma en que el Señor escoge proveer para ti es asunto suyo. Solo tienes que enfocarte en Su promesa de que Él proveerá para que puedas, como los levitas, servirle a Él y al pueblo.

¿Has permitido que las preocupaciones financieras limiten tu expresión de propósito? ¿Ha escogido el Señor proveer para ti de maneras que no son convencionales o similares a cómo lo hace por los demás? ¿Puedes enfocarte en el hecho de que Él es tu porción y no permitirá que te falte, y eso se aplica a tu familia y a ti en tus últimos años? La realidad de esta promesa que Dios proveerá debería liberarte para servir al Señor haciendo lo que amas, sabiendo que estás en la voluntad de Dios y haciendo lo que Él quiere que hagas.

ESTUDIO 239

TU VISIÓN SUSTENTADORA
Josué 14:10-12

Caleb y Josué fueron los dos espías que trajeron un informe positivo de fe cuando los otros eran negativos sobre las posibilidades de que la gente tomara la Tierra como Dios había prometido. Por lo tanto, a nadie de esa generación se le permitió entrar en la Tierra, excepto a esos dos. Cuarenta y cinco años después, esto es lo que Caleb dio un paso al frente para decir:

> "Ahora, como puedes ver, en todos estos **cuarenta y cinco años** desde que Moisés hizo esa promesa, el Señor me ha mantenido con vida y buena salud tal como lo prometió, incluso mientras Israel andaba vagando por el desierto. Ahora tengo **ochenta y cinco años**. Estoy tan fuerte hoy como cuando Moisés me envió a esa travesía y aún puedo andar y pelear tan bien como lo hacía entonces. Así que dame la zona

55

montañosa que el Señor me prometió. Tú recordarás que, mientras explorábamos, encontramos allí a los descendientes de Anac, que vivían en grandes ciudades amuralladas. Pero si el Señor está conmigo, yo los expulsaré de la tierra, tal como el Señor dijo" (Josué 14:10-12, énfasis añadido).

Es más, Caleb no esperaba que le entregaran su porción. Declaró que una vez que se le diera el visto bueno, estaba dispuesto a luchar por el derecho a vivir allí. Técnica y legalmente, la tierra era suya, pero sabía que tenía que pagar un precio si él y su familia querían entrar y disfrutarla al máximo.

Tú también tienes una herencia en Cristo, un propósito que producirá fruto piadoso siempre y cuando lo "trabajes". Pero debes trabajar, porque las fuerzas de la oscuridad no te darán lo que te pertenece a menos que estés dispuesto a dedicar el tiempo y el esfuerzo para que suceda. **¿Qué estas creyendo que el Señor hará en tus últimos años? ¿Te has retirado, no solo del trabajo, sino de una vida de fe? ¿Has perdido tu celo por poder decir "He peleado la buena batalla, he terminado la carrera y he permanecido fiel" (2 Timoteo 4:7) como escribió Pablo?**

Y si eres (más) joven, ¿cuál es tu visión sustentadora de la vida? Caleb se mudó con la gente, pero tuvo que esperar a que pasara toda una generación antes de que pudiera llegar a ser el mismo. **¿Estás dispuesto a esperar, manteniéndote listo para el día de la promesa?** Al vivir y servirle, tenga en cuenta que su herencia no es solo en esta vida, como leemos en Hebreos 11:13 y 16:

> Todas estas personas murieron aún creyendo lo que Dios les había prometido. Y aunque no recibieron lo prometido, lo vieron desde lejos y lo aceptaron con gusto. Coincidieron en que eran extranjeros y nómadas aquí en este mundo. Sin embargo, buscaban un lugar mejor, una patria celestial. Por eso, Dios no se avergüenza de ser llamado el Dios de ellos, pues les ha preparado una ciudad.

Al igual que Caleb, prepárate para vivir una vida de fe que espera la recompensa y Dios te dará la bienvenida a la ciudad celestial que Él ha preparado para ti.

ESTUDIO 240

CON TODO MI SER
Josué 14:14

Josué describió la razón por la que Caleb entró en la plenitud de su herencia y de todo lo que Dios tenía para él:

> Hebrón todavía pertenece a los descendientes de Caleb, hijo de Jefone, el cenezeo, porque él siguió al Señor, Dios de Israel, con todo su corazón (Josué 14:14).

Caleb estaba totalmente comprometido en servir al Señor y, por lo tanto, Dios estaba totalmente involucrado en velar por lo que era suyo y dárselo en el momento apropiado. Dios no es tonto y no puede ser engañado. Él conoce los corazones de todos, incluyéndote a ti, y responde a las personas de acuerdo con la forma en que le responden a Él: "Los ojos del Señor recorren toda la tierra para fortalecer a los que tienen el corazón totalmente comprometido con él. ¡Qué necio has sido! ¡De ahora en adelante estarás en guerra!'" (2 Crónicas 16:9). Esta fue la clave para que Caleb estuviera listo y fuera capaz de luchar por lo que Dios le había dado a pesar de que tenía 85 años.

Todas las personas quieren más de Dios, especialmente en tiempos de necesidad o problemas. Y Dios es misericordioso y a menudo escucha y ayuda. Sin embargo, Dios no es un asistente o mayordomo que responde a todo lo que las personas le piden. En otras palabras, si quieres más de Dios, entonces primero debes darle más de ti, más de tu tiempo mientras expresas tu creatividad y persigues tu propósito. Dar más de ti mismo a Él causará otra serie de desafíos, pero no estarás tratando de encontrar a Dios en tus momentos de problemas.

¿Tu creatividad es un pasatiempo o la persigues con compromiso, esforzándote por mejorar? ¿Conoces tu propósito? Si es así, ¿le dedicas todo el tiempo posible? Si no es así, ¿qué precio estás dispuesto a pagar para encontrarlo? ¿Has establecido metas de fe para tu propósito y creatividad que requerirán el poder y la provisión de Dios para alcanzarlas? Si tu búsqueda de los intereses de Dios para tu vida es a tiempo parcial, entonces tu fuerza será limitada y restringida. Si te comprometes con Dios, Él promete ir con todo por ti, tal como lo hizo con Caleb.

ESTUDIO 241

TU POTENCIAL
Josué 15:13-17

Veamos una lección más de la vida de Caleb:

El Señor le ordenó a Josué que le asignara una parte del territorio de Judá a Caleb, hijo de Jefone. Así que Caleb recibió la ciudad de Quiriat-arba (también llamada Hebrón), que llevaba el nombre del antepasado de Anac. Caleb expulsó a los tres grupos de anaceos, que son descendientes de Sesai, de Ahimán y de Talmai, hijos de Anac. De allí, salió a luchar contra los habitantes de la ciudad de Debir (antiguamente llamada Quiriat-sefer). Caleb dijo: "Daré a mi hija Acsa en matrimonio al que ataque y tome Quiriat-sefer". Otoniel, hijo de Cenaz, un hermano de Caleb, fue quien conquistó la ciudad; así que Acsa pasó a ser esposa de Otoniel (Josué 15:13-17).

Fíjate que Josué le dio la tierra a Caleb, pero entonces Caleb, de 85 años, tuvo que luchar por lo que era suyo. No solo tuvo que esperar 45 años para recibir su herencia, sino que también tuvo que esforzarse para ocuparla. Y cuando se encontró con una zona bien fortificada, tuvo que idear una estrategia especial para tomarla, que involucró a su hija y a su futuro esposo.

Tu propósito y creatividad son dones de Dios. No hay nada que puedas hacer para ganártelos o merecerlos. Sin embargo, una vez que sepas cuáles son, depende de ti convertirlos en lo que pueden ser, lo que se llama tu potencial. Tu trabajo es entonces desarrollar tu potencial, y no sabes realmente cuál es tu capacidad o cuánto puedes hacer hasta que empiezas y sigues adelante.

¿Puedes describir tus dones, propósito y creatividad? Si los conoces, ¿qué estás haciendo para llegar a su plenitud? ¿Tienes una estrategia para mejorar y ser más competente? ¿Estás dispuesto a luchar para entrar en todo lo que Dios tiene para ti para hacer y ser? Caleb esperó con fe, pero luego se esforzó con fe para entrar en la plenitud de su tierra. Dios quiere que sigas sus pasos y hagas lo mismo.

ESTUDIO 242

BENDICIONES INTERGENERACIONALES
Josué 16:4

La historia de José en Génesis tiene muchas lecciones espirituales, como hemos visto en estudios anteriores. No hay ninguna tribu que lleve el nombre de José como la había para sus otros hermanos, y eso se debe a que José recibió una porción doble. Sus dos hijos tenían tribus que llevaban su nombre:

> Esa fue la tierra asignada a las familias de Manasés y de Efraín, los hijos de José, para que fuera su hogar (Josué 16:4).

La bendición de Dios no es para una sola generación, sino que es intergeneracional. Esto se debe a que Dios tiene una memoria perfecta y nunca olvida a los que le sirven, ni a sus descendientes: "Reconoce, por lo tanto, que el Señor tu Dios es verdaderamente Dios. Él es Dios fiel, quien cumple su pacto por mil generaciones y derrama su amor inagotable sobre quienes lo aman y obedecen sus mandatos" (Deuteronomio 7:9). Por eso es importante que siembres con fe durante tu vida, porque la cosecha de justicia puede no dar fruto completo hasta la próxima generación. Debido a que José fue fiel a su propósito, su familia cosechó los beneficios cuando entraron en la Tierra Prometida.

¿Cuál es la voluntad de Dios para tu vida en lo que respecta al propósito? ¿Lo estás haciendo lo mejor que puedes, o esperando que Dios haga lo que Él quiere que hagas? ¿Y tu creatividad? ¿Has iniciado el negocio o has expresado fielmente tus dones creativos? ¿Y qué hay del gran objetivo que tenías en mente? ¿Estás tomando medidas para que esto suceda o simplemente estás hablando de ello?

Tu obediencia, o la falta de ella, impactará a los que vengan después de ti. Sé como José y sé fiel a Él en tu día. Al hacerlo, la bendición de tu obediencia se derramará en las vidas de los Efraín y Manasés, quienes luego se beneficiarán de tu caminar de fe y te bendecirán a ti y a tu memoria mucho después de que te hayas ido.

ESTUDIO 243

LAS HIJAS CON ZELOFEHAD
Josué 17:3-6

Hay una controversia en curso en ciertas iglesias sobre el papel de las mujeres en la Iglesia y el ministerio. En esta lección, leemos acerca de un hombre que no tenía hijos y lo que Josué hizo por sus hijas:

Sin embargo, Zelofehad, un descendiente de Hefer, hijo de Galaad, hijo de Maquir, hijo de Manasés, no tuvo hijos varones. Solo tuvo hijas, las cuales se llamaban Maala, Noa, Hogla, Milca y Tirsa. Ellas se presentaron ante el sacerdote Eleazar, ante Josué, hijo de Nun, y ante los líderes israelitas y les dijeron: "El Señor le ordenó a Moisés que nos diera una porción de tierra al igual que a los hombres de nuestra tribu". Así que Josué les dio una porción de tierra junto con la de sus tíos, como el Señor había ordenado.

Por lo tanto, todo el territorio asignado a la tribu de Manasés llegó a ser de diez porciones de tierra, además de la tierra de Galaad y de Basán, que estaba al otro lado del río Jordán, porque las descendientes de Manasés también recibieron una porción de tierra al igual que los descendientes varones (La tierra de Galaad se les entregó a los otros descendientes varones de Manasés) (Josué 17:3-6).

Parece que Dios tiene menos problemas con que las mujeres vengan por su cuenta que algunos miembros de la Iglesia, como vemos en estos versículos cuando se hizo una excepción a la regla para las herencias. Vimos este mismo principio anteriormente en este estudio del Antiguo Testamento:

Entonces la profetisa Miriam, hermana de Aarón, tomó una pandereta, se puso al frente, y todas las mujeres la siguieron, danzando y tocando sus panderetas.
Y Miriam entonaba este cántico (Éxodo 15:20-21).

Dios creó, e Israel reconoció, a Miriam como profeta. Si eso fuera cierto, entonces no hay razón para creer que Dios dudaría en asignar a las mujeres el papel de profeta o cualquiera de los otros roles en Su Iglesia, en la que Él es libre de dar dones como Él elija. Si no hay hijos varones con los dones necesarios, entonces las hijas son elegibles para el trabajo.

Si eres hija de Dios, ¿dudas en abrazar y expresar tu propósito o creatividad? ¿Te pondrás del lado de la tradición que dice que no debes hacerlo, o aceptarás que Dios sabía que eras una mujer cuando te dio tus dones y tu ministerio? ¿Puedes aceptar que no todos reconocerán lo que Dios ha hecho en tu vida, pero que sabrás que estás en el lugar correcto cuando la gente te vea y te acepte por lo que eres?

El cuerpo de Cristo a menudo ha tratado de jugar con la mitad de su equipo en el banquillo. Es hora de que las hermanas entren en el juego y jueguen de acuerdo con lo que Dios las creó para ser en lugar de lo que la Iglesia les permite ser.

ESTUDIO 244

DESPEJA LOS ÁRBOLES
Josué 17:17-18

Volvamos atrás y miremos las dos tribus que llevan el nombre de los hijos de José cuando entraron a la Tierra:

> Entonces Josué respondió a la casa de José, a Efraín y a Manasés: —Tú eres un gran pueblo y tienes un gran poder: no tendrás una sola parte, sino que aquel monte será tuyo, pues aunque es un bosque, tú lo desmontarás y lo poseerás hasta sus límites más lejanos; porque tú arrojarás al cananeo, aunque tenga carros de hierro y aunque sea fuerte (Josué 17:17-18).

En nuestro capítulo anterior sobre ellos, vimos que la bendición de Dios es intergeneracional. Lo que hizo José tuvo implicaciones para su posteridad, y Dios se aseguró de que sus hijos y nietos fueran beneficiarios de la obediencia y el sufrimiento de José. Sin embargo, cuando llegaron a la Tierra, eran tan numerosos debido a la bendición de Dios que necesitaban más espacio que los demás. Entonces, ¿cómo manejó Josué su necesidad?

Josué les concedió más tierra, pero estaba cubierta de bosques. Por lo tanto, si querían más para satisfacer sus necesidades, tendrían que limpiar el terreno por sí mismos. En otras palabras, podían ser tan grandes como quisieran o necesitaran, pero tenían que hacer el trabajo. Tuvieron que talar los árboles; Dios y las otras tribus no iban a hacer el trabajo por ellos.

El mismo principio es válido para usted. Si quieres un negocio más grande o un ministerio que llegue a más personas, debes hacer el trabajo y limpiar tu terreno. Eso significa aumentar su capacidad para manejar más. Eso puede significar ir a la escuela o aprender de otros para ver cómo aumentaron su porción de lo que Dios tiene para ellos. Esto es exactamente lo que hizo el apóstol Pablo, porque Dios le asignó una obra entre los gentiles y luego trabajó duro para visitar tantos lugares como fuera posible, establecer iglesias y luego nutrirlos para que fueran miembros saludables y en crecimiento de la iglesia mundial, funcionando mucho después de que se fue.

¿Dónde está tu "tierra boscosa"? ¿Qué trabajo tienes que hacer para crear más espacio para que el Reino de Dios se expanda a través de ti? ¿Qué puedes hacer hoy para dejar espacio a los que vendrán después de ti mañana? Derribar los árboles fue un trabajo duro, pero una vez hecho, las tribus tenían espacio para vivir y crecer. Que Dios te muestre dónde puedes crecer en tu propio propósito y luego puedas hacer el trabajo que te beneficiará no sólo a ti sino a otros ahora y en el futuro.

ESTUDIO 245

DISPUESTOS
Y OBEDIENTES
Josué 17:16-17

Repasemos los versículos que examinamos el capítulo pasado concernientes a las dos tribus de los hijos de José:

"Y los hijos de José dijeron: No nos bastará a nosotros este monte; y todos los cananeos que habitan la tierra de la llanura, tienen carros herrados; los que están en Bet-seán y en sus aldeas, y los que están en el valle de Jezreel. Entonces Josué respondió a la casa de José, a Efraín y a Manasés, diciendo: Tú eres gran pueblo, y tienes grande poder; no tendrás una sola parte" (Josué 17:16-17).

Dios había prometido a los hijos de Jacob la tierra, pero si querían suficiente para todos sus hijos e hijas, entonces tendrían que hacer la obra. Tendrían que invertir tiempo y energía para despejar la tierra que querían y necesitaban. Al igual que ellos, usted siempre tiene un papel que desempeñar en el cumplimiento de las promesas de Dios, como leemos en Isaías 1:19-20:

> "Si quisiereis y oyereis, comeréis el bien de la tierra;
> si no quisiereis y fuereis rebeldes, seréis consumidos a
> espada; porque la boca de Jehová lo ha dicho".

La gente a menudo me pregunta cómo soy capaz de escribir tantos libros. Mi respuesta es siempre la misma: "Una página a la vez, un día a la vez. No son parte de la Jerusalén celestial que desciende de lo alto". Y note los dos elementos involucrados en los versículos de Isaías: la voluntad y la obediencia. Si estás dispuesto pero procrastinas, no heredarás la tierra que Dios tiene para ti. Si no estás dispuesto, pero intentas ser obediente, siempre encontrarás una excusa de por qué ahora no es el momento adecuado para tomar más tierra en el camino de comenzar tu negocio, escribir tu libro, lanzar la misión u obtener el título. Dios y yo nos asociamos en el asunto. Escribo porque estoy dispuesto y soy obediente y luego Dios me ayuda con ideas, tiempo y energía.

¿Estás dispuesto a hacer la voluntad de Dios? No respondas demasiado rápido, pero medita sobre la pregunta y pídele a Dios que te ayude a ver la verdad. **¿Estás siendo obediente? ¿Ha habido algo en tu corazón por hacer (estás dispuesto) pero tu obediencia está demasiado conectada con las circunstancias y tu obediencia se retrasa?** El versículo de Isaías describe a cualquiera de los dos sin el otro como rebelión y el fruto de eso no es bueno. Es hora de evaluar tu verdadera condición espiritual para asegurarte de que cumples con los criterios para comer el fruto de la tierra. Dios está dispuesto a hacer su parte; ¿Estás dispuesto a hacer la tuya?

ESTUDIO 246:

ES HORA
Josué 18:1-3

Josué tenía una pregunta importante para las tribus que habían entrado en la Tierra:

> Toda la congregación de los hijos de Israel se reunió en Silo, y erigieron allí el tabernáculo de reunión, después que la tierra les fue sometida. Pero habían quedado de los hijos de Israel siete tribus a las cuales aún no habían repartido su posesión. Y Josué dijo a los hijos de Israel: "¿Hasta cuándo seréis negligentes para venir a poseer la tierra que os ha dado Jehová el Dios de vuestros padres?" (Josué 18:1-3).

¿Qué estaban esperando? La Biblia no nos lo dice, pero probablemente tenían miedo. ¿De qué? ¿De avanzar? ¿De la incertidumbre del futuro? O podrían haber sido perezosos, lentos para actuar y rápidos para dudar. Tal vez Dios te está haciendo esa misma pregunta: **¿Cuánto tiempo vas a esperar?**

¿Cuánto tiempo vas a esperar antes de hacer el viaje misionero? ¿Cuánto tiempo pasará antes de que

escribas el libro o la obra de teatro? ¿Cuánto tiempo pasará hasta que inicies tu propio ministerio en lugar de cazar furtivamente el de otra persona? Josué respondió a la pregunta antes de que tuvieran la oportunidad de responder: ¡Ya ha pasado suficiente tiempo!

Y esa misma respuesta se aplica a yu situación. Se acabaron las excusas. Es hora de que vivas y actúes de acuerdo con tu fe, como nos recordó el apóstol Pablo.

> Así que tengan cuidado de cómo viven. No vivan como necios sino como sabios. Saquen el mayor provecho de cada oportunidad en estos días malos. No actúen sin pensar, más bien procuren entender lo que el Señor quiere que hagan (Efesios 5:15-17, NTV).

¿Qué tienes que hacer para empezar a tomar posesión de la Tierra que Dios te ha dado? ¿Qué esperas? ¿Qué puedes hacer hoy que te acerque un paso más al cumplimiento de tu propósito y exprese tu creatividad? Este es el día, este es **tu** día; aprovechar al máximo el don de Dios que es.

ESTUDIO 247

LOTERÍA DE TIERRAS
Josué 18:4-6

El objetivo de esta serie bíblica de Estudio con Propósito es identificar lugares en el Antiguo Testamento donde se encuentran los cinco Principios de la Mina de Oro, que son el Propósito, la Creatividad, el Establecimiento de metas, la Administración del tiempo y la Fe. En este capítulo, vemos la creatividad en acción:

> Elijan a tres hombres de cada tribu, y yo los enviaré a que exploren la tierra y tracen un mapa de ella. Cuando regresen, me traerán un informe escrito con la división que proponen para repartir la nueva tierra que será su hogar. Que dividan la tierra en siete partes sin incluir el territorio de Judá, en el sur, ni el de José, en el norte. Y cuando tengan por escrito las siete divisiones de la tierra y me las traigan, haré un sorteo sagrado en presencia del SEÑOR nuestro Dios para asignarle tierra a cada tribu (Josué 18:4-6).

Josué ordenó al pueblo que fuera a ver su herencia de

tierra y luego regresara con un informe escrito. Imagínate eso. ¡Un informe escrito! Es más, hasta que no presentaran sus informes, no podían recibir su herencia final. Su futuro dependía de que escribieran lo que veían hoy.

Me pregunto si a las tribus se les ocurrieron excusas. "No sé escribir. No estoy seguro de cuánto tiempo debería ser. No he tenido tiempo de escribir. Necesito un editor". Nada de eso era importante. Lo importante era que hicieran un viaje, observaran sus tierras y luego escribieran lo que veían. Ellos hicieron su parte y luego, a través de una lotería de tierras, Dios hizo Su parte para darles lo que prometió. Ahora te toca a ti.

¿Qué creatividad has estado postergando? ¿Qué bendición del mañana te estás perdiendo porque parece que no puedes producir la creatividad que hay en ti hoy? ¿Qué ves que Dios quiere que demuestres a través de alguna expresión creativa como la poesía, la escritura de un guion, la escultura, la composición de música, la danza o cualquier otra forma creativa?

El tema de este estudio ha sido constante en lo que respecta a su creatividad: no es opcional ni debe tratarse como un pasatiempo. Es una parte importante del trabajo de tu vida porque es parte de lo que Dios te hizo ser. Así que si quieres llegar a la plenitud de lo que Dios tiene para ti, aprende a tratar tu creatividad con dignidad, dándole un lugar prominente en el trabajo de tu vida. Cuando lo hagas, te llevará a un progreso significativo en tu caminar con el Señor y te hará elegible para la lotería de bendiciones de Dios en tu propia lotería de tierras.

ESTUDIO 248

POR ÚLTIMO, PERO NO MENOS IMPORTANTE
Josué 18:49-50

Finalmente, todas las tribus tenían su porción en la Tierra prometida por Dios, y era hora de darle a Josué su propia recompensa:

Una vez que toda la tierra quedó dividida entre las tribus, los israelitas le dieron una porción a Josué. Pues el Señor había dicho que Josué podía tener la ciudad que quisiera. Entonces él eligió Timnat-sera en la zona montañosa de Efraín. Reconstruyó la ciudad y vivió allí (Josué 19:49-50).

Recuerda, fueron Josué y Caleb quienes originalmente habían explorado la Tierra y trajeron un buen informe mientras los demás dudaron. Aquellos que dudaron fueron sentenciados a vagar cerca de la Tierra Prometida, pero nunca se les permitiría entrar, mientras a Josué y Caleb se les prometió una recompensa por su obediencia. Vimos anteriormente en este estudio que Caleb había recibido su herencia y luego, por último, pero no menos importante, Josué recibió la suya.

A medida que sirves a Dios en el propósito que Él te ha asignado, no olvides que Dios te está observando. Él siempre está atento a tu trabajo y sacrificios de amor. En la plenitud de los tiempos, Dios te recompensará de acuerdo con Su perfecta justicia y gracia sin fin. No te canses, sino que mantén tu ojo en el premio para que puedas escuchar Su elogio: "Bien, siervo bueno y fiel" (Mateo 25:23). Es posible que seas testigo de cómo otras personas reciben su bendición. Si lo haces, regocíjate con ellos y sabe que el tuyo está por venir.

¿Sabes cuál es tu propósito? ¿Estás siendo fiel para llevarlo a cabo lo mejor que puedes? ¿Te estás preguntando si todo el trabajo vale la pena o no? ¿Te parece que Dios no está prestando atención o está dando a los demás su recompensa, pero se ha olvidado de ti?

Escribo todos los días y distribuyo lo que hago de forma gratuita a través de todos los medios posibles. A menudo yo cubro los gastos de todo lo que hago, a veces, me canso y me pregunto: "¿Vale la pena todo esto?" Pero luego leo los versículos de hoy y recuerdo a Josué. Entonces me recuerda que Dios recompensa a aquellos que diligentemente lo buscan y le sirven, y entonces renuevo mi compromiso de seguir adelante. Espero que ustedes asuman el mismo compromiso hoy.

ESTUDIO 249

POTENCIAL
Josué 19:48-50

Vimos la porción de la herencia de la tierra Josué recibió, en el último capítulo; pero vamos a verlo de nuevo para asegurarnos de que no nos perdimos un aspecto importante:

Una vez que toda la tierra quedó dividida entre las tribus, los israelitas le dieron una porción a Josué. Pues el Señor había dicho que Josué podía tener la ciudad que quisiera. Entonces él eligió Timnat-sera en la zona montañosa de Efraín. *Reconstruyó la ciudad y vivió allí* (Josué 19:49-50, NTV, énfasis añadido).

Nótese que Dios le dio a Josué la tierra, que parece haber sido el sitio de una ciudad que había sido destruida o al menos estaba deteriorada e inservible. Es por eso que Josué tuvo que reconstruirlo. El punto es que Dios no le dio a Josué una ciudad prefabricada. Incluso después de toda su espera y servicio, se le dio algo que tenía potencial y Josué tuvo que construirlo antes de que él y su familia pudieran vivir allí.

En 2014, comencé una casa editorial. Aunque ya había

escrito libros, ahora era el momento de ayudar a otros a escribir y publicar los suyos. Empezamos de cero. Tuvimos que construirlo desde cero y ahora hemos publicado más de 200 libros, incluidos 90 míos. Dios nos dio la tierra publicadora, por así decirlo, y hemos tenido que limpiarla para poder "morar" allí. Si Dios lo bendice, las generaciones futuras también podrán ganarse la vida allí.

¿Y tú? ¿Qué es lo que Dios te ha dado con potencial, pero ahora tienes que desarrollarlo? ¿Qué tienes que puede no parecer gran cosa para otra persona en este momento, pero que representa un futuro brillante para ti? ¿Qué estás pasando por alto porque no parece gran cosa en este momento?

Tu propósito y creatividad tienen que desarrollarse en lo que pueden ser. La buena noticia es que no sabes cómo será tu potencial hasta que comienzas a desarrollarlo, y entonces parece que el cielo es el límite. Les insto a que aprovechen al máximo su oportunidad haciendo algo cada día para restaurar y desarrollar la tierra que Dios les ha dado. Recuerde: "El que labra su tierra se saciará de pan; mas el que sigue a los vagabundos es falto de entendimiento" (Proverbios 12:11).

ESTUDIO 250

SUFICIENTE PARA COMPARTIR
Josué 21:1-3

Había etiquetado la concesión de tierras a Josué como la última distribución de la tierra, pero estaba equivocado. Todavía había un grupo que aún no había recibido lo suyo, y eran los levitas que no iban a recibir una herencia de tierra porque su suerte era servir al Señor. Leemos:

> Entonces los líderes de la tribu de Leví fueron a consultar un asunto con el sacerdote Eleazar, con Josué, hijo de Nun, y con los líderes de las otras tribus de Israel. Se presentaron ante ellos en Silo, en la tierra de Canaán y dijeron: "El Señor le ordenó a Moisés que nos diera ciudades donde vivir y pastizales para nuestros animales". Así que, por orden del Señor, el pueblo de Israel—de sus propias porciones de tierra—les dio a los levitas las siguientes ciudades con pastizales (Josué 21:1-3).

Los levitas y sus familias tenían que vivir en algún lugar, por lo que cada tribu debía proporcionarles un lugar en su región. Esto aseguraría que cada tribu tuviera algunos levitas que enseñarían la palabra de Dios y realizarían otras funciones de adoración. En otras palabras, las tribus tenían que compartir su herencia y no aferrarse a la tierra como un derecho.

Y ahora, Dios quiere que trabajes y compartas. Hay algunos que no quieren más de lo que tienen y hay otros que no quieren trabajar por más. Este último grupo a veces juega, incluso da ofertas, con la esperanza de "hacerse ricos", elaborando estrategias en sus mentes para lo que hacen con la ganancia inesperada. Pero el plan de Dios se revela en las palabras de Pablo en 2 Corintios 9:8:

> Y Dios proveerá con generosidad todo lo que necesiten. Entonces siempre tendrán todo lo necesario y habrá bastante de sobra para compartir con otros (NTV).

Dios quiere que tengas lo suficiente para que puedas compartir. **¿Estás trabajando en tu propósito y expresando tu creatividad con el fin de compartir algunas de las ganancias con otros? ¿De qué manera estás dedicando tu propósito creativo a satisfacer las necesidades de los demás y de aquellos que sirven fielmente al Señor? ¿Qué más puedes hacer?**

Puede que Dios no quiera que seas rico, pero quiere que vivas una vida abundante, que no solo se compone de lo que puedes obtener, sino también de lo que puedes dar. Decídete a usar algo de tu "herencia de tierras" por medio de tus dones no solo para servir a tus propias necesidades, sino también a las necesidades de los demás.

ESTUDIO 251

ÉL DA, TÚ TRABAJAS
Josué 21:43-45

He aquí un buen resumen de lo que hemos leído hasta ahora en el libro de Josué:

Así que el Señor le **entregó** a Israel toda la tierra que había jurado darles a sus antepasados, y los israelitas la tomaron para sí y se establecieron en ella. Y el Señor les **dio** descanso en todo el territorio, tal como se lo había prometido solemnemente a los antepasados de ellos. Ningún enemigo pudo hacerles frente, porque el Señor los **ayudó** a conquistar a todos sus enemigos. Ni una sola de todas las buenas **promesas** que el Señor le había hecho a la familia de Israel quedó sin cumplirse; todo lo que él había dicho se hizo realidad (Josué 21:43-45, énfasis añadido).

Fíjate que todo lo que Dios hizo por el pueblo fue un regalo. Él *les dio* tierra, descanso, paz y Su palabra. Cumplió todas las promesas que hizo. Sin embargo, para que eso sucediera, la gente tenía que hacer su parte y tomar posesión de la tierra luchando, estableciéndose, construyendo y cuidando. Lo mismo es cierto para ti.

Dios te da un propósito y talentos creativos. Esos son regalos que no pediste y que no puedes ganar. Una vez que descubras lo que son, es tu deber ser fructífero en su uso y expresión: "Ustedes no me eligieron a mí, yo los elegí a ustedes. Les encargué que vayan y produzcan frutos duraderos, así el Padre les dará todo lo que pidan en mi nombre" (Juan 15:16). Hay otra promesa de Jesús: Dios responderá a tus oraciones en el contexto de dar fruto.

¿Cuál es tu fruto? ¿Qué realizas que te hace más productivo para el Señor? ¿Cuáles promesas estás esperando y trabajando para ver cumplidas? ¿Qué más puedes hacer para estructurar tu vida de manera que seas un buen administrador de las promesas y las cosas buenas que Dios te ha dado? ¿Tu vida de oración también está dando frutos?

Dios te ha dado mucho, pero viene con una advertencia: "Pero alguien que no lo sabe y hace algo malo, será castigado levemente. Alguien a quien se le ha dado mucho, mucho se le pedirá a cambio; y alguien a quien se le ha confiado mucho, aún más se le exigirá" (Lucas 12:48). Ten en cuenta hoy que Dios está en el negocio de dar, pero luego debes tener el hábito de trabajar y desarrollar lo que Él te da.

ESTUDIO 252

CREATIVIDAD INCOMPRENDIDA
Josué 22:10, 34

A medida que las tribus tomaban posesión de sus concesiones de tierras del Señor por medio de Josué, leemos lo que hicieron algunas de las tribus que estaban en las regiones más alejadas de la Tierra:

> Sin embargo, mientras todavía estaban en Canaán, los hombres de Rubén, de Gad y de la media tribu de Manasés se detuvieron al llegar a un lugar llamado Gelilot, cerca del río Jordán, para construir un altar grande e imponente (Josué 22:10).

Cuando las otras tribus se enteraron de este altar, asumieron que era para el sacrificio, lo que habría contradicho la palabra del Señor en cuanto a dónde se debían dar tales ofrendas. Así que las diez tribus se reunieron para la guerra y enviaron una delegación a los constructores en busca de una explicación.

Cuando escucharon que el altar no era para adorar, sino que era un símbolo o monumento para recordarles el lejano altar legitimo, se alegraron y ya no consideraron medidas punitivas contra sus hermanos. La historia concluye con este versículo:

> La gente de Rubén y de Gad le puso al altar el nombre de "Testigo", porque dijeron: "Es un testigo entre nosotros y ellos de que el Señor es también nuestro Dios" (Josué 22:34).

A las tres tribus se les ocurrió un recordatorio creativo de su conexión con las otras tribus, pero esa creatividad fue inicialmente malinterpretada. De la misma manera, no todo el mundo va a "entender" tu creatividad. No te ofendas, porque parte de tu creatividad es enseñar usando lo que creas, contando tu historia de por qué hiciste lo que hiciste y lo que significa para ti.

Cuando no se entiende tu creatividad, ¿qué haces? Sea lo que sea, no te ofendas, pero aprovecha la oportunidad para compartir lecciones espirituales y de vida a partir de esa expresión única de tu propia existencia. Nadie más ve lo que haces, por lo que tienes que dedicar algún tiempo a explicar lo que haces a aquellos que preguntan.

ESTUDIO 253

DIME CON QUIEN ANDA Y TE DIRÉ QUIÉN ERES
Josué 23:7-8

Josué reunió a todo Israel después de que se hubieron establecido en la Tierra y, entre otras cosas, les dijo lo siguiente:

"Asegúrense de no tener nada que ver con los otros pueblos que aún quedan en esta tierra. Ni siquiera mencionen los nombres de sus dioses y mucho menos juren por ellos, ni los sirvan, ni los adoren. Por el contrario, aférrense bien al Señor su Dios como lo han hecho hasta ahora" (Josué 23:7-8).

Si vas a servir al Señor y ser una persona creativa y con propósito, tu enfoque tiene que ser singular. No puedes compartir tu energía, riqueza, dones o tiempo donde no producirán una cosecha para el Señor. Eso también incluye la compañía que mantienes.

Las personas con propósito necesitan estar rodeadas de otras personas con propósito. Lo mismo ocurre con las personas creativas. Si das tu tiempo a aquellos que no comparten tus valores, compromiso y objetivos, entonces te desanimarás y perderás tu creatividad. Si puedes encontrar un grupo que te apoye y lo que Dios te hizo ser, entonces conviértete en parte de ese grupo. Si no puedes encontrar un grupo, entonces comienza uno. El punto es que, si te juntas con personas improductivas, serás improductivo.

¿Te estás aferrando al Señor y a Su voluntad para tu vida? ¿O has permitido que tus intereses sean influenciados por aquellos que no comparten tu celo o deseo de dar fruto? ¿Qué cambios necesitas hacer en tu vida para desarrollar un sistema de apoyo y un equipo para tu viaje de propósito? Josué instó al pueblo a dedicarse completamente a Dios y a su pueblo mientras seguían su obediencia. Ese sigue siendo un buen consejo para ti hoy.

ESTUDIO 254

CREAR
LA NECESIDAD
Josué 23:14

Josué estaba llegando a su fin cuando se tomó el tiempo para recordarle a la gente una verdad importante:

> "Dentro de poco moriré, seguiré el camino de todo ser viviente en este mundo. En lo profundo del corazón, ustedes saben que cada promesa del Señor su Dios se ha cumplido. ¡Ni una sola ha fallado!" (Josué 23:14).

Dios todavía está en el negocio de hacer y cumplir promesas, y aquí hay una que hizo a través del apóstol Pablo:

> Y este mismo Dios quien me cuida suplirá todo lo que necesiten, de las gloriosas riquezas que nos ha dado por medio de Cristo Jesús (Filipenses 4:19).

Entonces, si Dios cumple Sus promesas y si prometió suplir todas tus necesidades, entonces parece obvio lo que debes hacer: *¡crear más necesidad!* No debes tratar de manipular a Dios comprando una casa grande o un automóvil y luego exigiendo que Dios "satisfaga tu necesidad". Pero debes crear necesidades en torno a tu propósito y creatividad que ayudarán a cumplir otra promesa que Dios hizo:

> "Les digo la verdad, todo el que crea en mí hará las mismas obras que yo he hecho y aún mayores, porque voy a estar con el Padre. Pueden pedir cualquier cosa en mi nombre, y yo la haré, para que el Hijo le dé gloria al Padre" (Juan 14:12-13).

Si necesitas un equipo para hacer la voluntad de Dios, pídelo. Si necesitas sabiduría, pídela. Si necesitas alguna otra provisión, pídela. Y no tengas miedo de crear la necesidad de esas cosas al determinar hacer las cosas más grandes que Jesús prometió que harías. Establece metas grandes y espera que Dios te ayude a alcanzarlas.

¿Cuáles son las cosas más importantes que haces o quieres hacer? ¿Dónde y cómo necesitas tomar en serio la promesa de que darás fruto y Dios proveerá lo que necesitas para hacerlo? En los últimos días de Josué, él reafirmó la fidelidad de Dios y usted debe ser capaz de hacer lo mismo. Para hacer eso, debes creer en la palabra de Dios hoy y actuar según lo que dice.

ESTUDIO 255

PRESÉNTATE A TI MISMO
Josué 24:1

Una vez más, vemos que Josué convocó al pueblo para lo que ahora sabemos que fueron sus últimas palabras para ellos:

Entonces Josué convocó a todas las tribus de Israel en Siquem, junto con los ancianos, los líderes, los jueces y los oficiales. Así que todos se reunieron y se presentaron ante Dios (Josué 24:1).

Hay algo único en presentarse ante el Señor como lo hicieron en este versículo. Me doy cuenta de que vivimos en Su presencia, pero me imagino de una asamblea militar o incluso de una reunión de la iglesia donde el pueblo de Dios se reúne para una inspección y más instrucciones.

En la reunión de Josué, repasaron su historia como pueblo de Dios, y luego repasaron los términos del pacto. Les dio la oportunidad de volver a comprometerse a obedecer el pacto, y luego erigió un monumento para conmemorar su nuevo compromiso. Esta era la segunda asamblea de este tipo que Josué había convocado, lo que me dice que estaba preocupado de que la gente se alejara de su amor por Dios. Es una reminiscencia de lo que Jesús le dijo a la iglesia de Éfeso:

> "Pero tengo una queja en tu contra. ¡No me amas a mí ni se aman entre ustedes como al principio! ¡Mira hasta dónde has caído! Vuélvete a mí y haz las obras que hacías al principio. Si no te arrepientes, vendré y quitaré tu candelabro de su lugar entre las iglesias" (Apocalipsis 2:4-5).

¿Quizás es hora de presentarte al Señor para revisar por qué estás haciendo lo que haces? ¿Está expresando tu propósito y creatividad para ganarte la vida o para servir y promover el reino de Dios? ¿Estás listo para "levantarte" y volver a alistarte para otro período de servicio en el ejército de Dios? A medida que Dios inspecciona tu obra y tu corazón, ¿está abordando alguna deficiencia o complacencia?

No solo estás sirviendo a tu familia, empresa o iglesia. Estás sirviendo a Dios y Él está observando. ¿Quién mejor para mostrarte cómo estás y recibir un ajuste o un elogio? Tómate un tiempo para presentarte al Señor y luego escucha lo que Él dice.

ESTUDIO 256

UN DÍA
JOSUÉ 24:32

Cuando José murió en Egipto, pidió que sus huesos fueran llevados de vuelta a su tierra natal cuando su pueblo regresara. Esta fue una declaración de fe de que Dios sería fiel para restaurar a Su pueblo a su Tierra Prometida.

Doscientos años después, los descendientes de José accedieron a su petición. Finalmente, José estaba en casa en la tierra que su padre había comprado y de donde José había sido vendido por sus hermanos como esclavo. Esto significaba que su descendencia tenía que recordar su petición de muerte, llevar sus huesos con ellos cuando se fueran, transportar esos huesos a través de los 40 años de vagar por el desierto y luego depositar sus restos en la tierra de su familia:

> Y enterraron en Siquem los huesos de José, que los hijos de Israel habían traído de Egipto, en la parte del campo que Jacob compró de los hijos de Hamor padre de Siquem, por cien piezas de dinero; y fue posesión de los hijos de José (Josué 24:32).

Su familia tuvo que hacer de este legado una prioridad. Al hacerlo, algunos miembros de la familia se sintieron incómodos al tener que administrar el deseo de José a través de todo tipo de clima, condiciones de viaje al desierto, guerras y funerales familiares. **¿En qué proyectos de fe estás trabajando que podrían afectar el futuro de tu familia de una buena manera? ¿Qué declaraciones de fe estás haciendo acerca de tu propósito y su papel para la posteridad?**

Podrías hacer esto iniciando un negocio o ministerio que pueda continuar en la próxima generación. Podrías escribir un libro o redactar un testamento que incluya tu testimonio. Piensa en algo que puedas hacer que pueda sobrevivir a ti y tal vez Dios lo energizará como lo hizo cuando José simplemente pidió que se llevaran sus huesos a casa ... una día.

ESTUDIO 257

EL FIN
JOSUÉ 24:33

Este es el versículo final en el libro de Josué y ni siquiera se trataba de Josué mismo:

> También murió Eleazar hijo de Aarón, y lo enterraron en el collado de Finees su hijo, que le fue dado en el monte de Efraín (Josué 24:33).

Y eso es todo. Ni conclusión, ni resumen, ni palabras finales. Simplemente se nos dice que primero Josué murió, luego los restos de José fueron enterrados en la tierra de su tribu, y luego Eleazar murió.

Cuando lo piensas, tu vida no es muy larga en comparación con el resto de la creación. Las rocas que estaban aquí en el tiempo de Abraham todavía están aquí. El agua de los océanos se ha reciclado una y otra vez desde sus inicios. Y luego, para contrastar, están las personas, y Santiago describió nuestra permanencia en la tierra de la siguiente manera: "Cuando no sabéis lo que será mañana. Porque ¿qué es vuestra vida? Ciertamente es neblina que se aparece por un poco de tiempo, y luego se desvanece" (Santiago 4:14).

Si bien es bueno planificar y tener metas, también es bueno mantenerlas en perspectiva. Un día, llegarán a su fin, al igual que tú. Entonces, ¿de qué se trata todo esto? Se trata de marcar la diferencia mientras estás aquí y luego pasar a tu existencia en la próxima vida.

¿Vives como si tus días estuvieran contados (porque lo están)? ¿Estás aprovechando al máximo tus días? Debes tener un propósito porque todavía estás aquí, pero un día, como Eleazar, Josué y José, no lo estarás. **¿Estás maximizando tu tiempo e impacto?** La buena noticia es que, aunque el libro de Josué termina sin ceremonias, la narración continúa y la gente sigue adelante, como aprendemos en los primeros versículos del siguiente libro:

> Aconteció después de la muerte de Josué, que los hijos de Israel consultaron a Jehová, diciendo: ¿Quién de nosotros subirá primero a pelear contra los cananeos? 2 Y Jehová respondió: Judá subirá; he aquí que yo he entregado la tierra en sus manos (Jueces 1:1-2).

Decídete a marcar la diferencia en los días que te quedan, pero también prepárate para enfrentar tu propia mortalidad, habiendo dejado una huella con propósito en los días que Dios te ha dado.

MANTENTE EN CONTACTO CON JOHN W. STANKO

www.purposequest.com
www.johnstanko.us
www.stankobiblestudy.com
www.stankomondaymemo.com
o vía email at johnstanko@gmail.com

John también realiza un extenso trabajo
de ayuda y desarrollo comunitario en Kenia.
Puedes ver algunos de sus proyectos en
www.purposequest.com/contributions

Purpose Quest International PO Box 8882
Pittsburgh, PA 15221-0882

TÍTULOS ADICIONALES DE JOHN W. STANKO

Ediciones en Español

Cambiando la Manera de Hacer Iglesia

La Vida Es Una Mina De Oro: Te Atreves A Cavarla?

No Leas Estes Libro: (A Menos Que Quieras Convertirte E Un Mejor Líder)

Fuero lo Viejo, Adentro lo Nuevo

Gemas de Propósito

Ven a Adorarlo: Preparándonos para Emmanuel

Ediciones en Inglés

A Daily Dose of Proverbs
A Daily Taste of Proverbs
Changing the Way We Do Church
I Wrote This Book on Purpose
Life Is A Gold Mine: Can You Dig It?
Strictly Business
The Faith Files, Volume 1
The Faith Files, Volume 2
The Faith Files, Volume 3
The Leadership Walk
The Price of Leadership
Unlocking the Power of Your Creativity
Unlocking the Power of Your Productivity
Unlocking the Power of Your Purpose
Unlocking the Power of You
What Would Jesus Ask You Today?
Your Life Matters

Live the Word Commentary: Matthew
Live the Word Commentary: Mark
Live the Word Commentary: Luke
Live the Word Commentary: John
Live the Word Commentary: Acts
Live the Word Commentary: Romans
Live the Word Commentary: 1 & 2 Corinthians
Live the Word Commentary: Galatians, Ephesians, Philippians,
Colossians, Philemon
Live the Word Commentary: 1 & 2 Thessalonians,
1 & 2 Timothy, and Titus
Live the Word Commentary: Hebrews
Live the Word Commentary: Revelation